퍼즐 학습으로 재미있게 초등 어휘력을 키우자!

속담 퍼즐런

Mirae N 에듀

하세요.

02 일차
월 일
퍼즐북 13쪽, 미니북 8쪽

- 05 윗물이 맑아야 아랫물이 맑다 ☐
- 06 강물도 쓰면 준다 ☐
- 07 물에 빠지면 지푸라기라도 잡는다 ☐
- 08 흐르는 물은 썩지 않는다 ☐

03 일차
월 일
퍼즐북 17쪽, 미니북 12쪽

- 09 달도 차면 기운다 ☐
- 10 쥐구멍에도 볕 들 날 있다 ☐
- 11 하늘이 무너져도 솟아날 구멍이 있다 ☐
- 12 하늘의 별 따기 ☐

04 일차
월 일
퍼즐북 21쪽, 미니북 16쪽

- 13 마른하늘에 날벼락 ☐
- 14 가랑비에 옷 젖는 줄 모른다 ☐
- 15 바람 앞의 등불 ☐
- 16 비 온 뒤에 땅이 굳어진다 ☐

05 일차
월 일
퍼즐북 25쪽, 미니북 20쪽

- 17 가는 토끼 잡으려다 잡은 토끼 놓친다 ☐
- 18 원숭이도 나무에서 떨어진다 ☐
- 19 호랑이도 제 말 하면 온다 ☐
- 20 지렁이도 밟으면 꿈틀한다 ☐

06 일차
월 일
퍼즐북 29쪽, 미니북 24쪽

- 21 다람쥐 쳇바퀴 돌듯 ☐
- 22 재주는 곰이 넘고 돈은 주인이 받는다 ☐
- 23 하룻강아지 범 무서운 줄 모른다 ☐
- 24 굼벵이도 구르는 재주가 있다 ☐

07 일차
월 일
퍼즐북 33쪽, 미니북 28쪽

- 25 까마귀 날자 배 떨어진다 ☐
- 26 낮말은 새가 듣고 밤말은 쥐가 듣는다 ☐
- 27 꿩 먹고 알 먹는다 ☐
- 28 뱁새가 황새를 따라가면 다리가 찢어진다 ☐

08 일차
월 일
퍼즐북 37쪽, 미니북 32쪽

- 29 가재는 게 편 ☐
- 30 개구리 올챙이 적 생각 못 한다 ☐
- 31 고래 싸움에 새우 등 터진다 ☐
- 32 그물에 걸린 고기 신세 ☐

09 일차
월 일
퍼즐북 41쪽, 미니북 36쪽

- 33 닭 쫓던 개 지붕 쳐다보듯 ☐
- 34 고양이 목에 방울 달기 ☐
- 35 똥 묻은 개가 겨 묻은 개 나무란다 ☐
- 36 소 잃고 외양간 고친다 ☐

10 일차
월 일
퍼즐북 45쪽, 미니북 40쪽

- 37 가는 날이 장날 ☐
- 38 떡 본 김에 제사 지낸다 ☐
- 39 불난 집에 부채질한다 ☐
- 40 공든 탑이 무너지랴 ☐

11 일차
월 일
퍼즐북 49쪽, 미니북 44쪽

- 41 고생 끝에 낙이 온다 ☐
- 42 세 살 적 버릇이 여든까지 간다 ☐
- 43 천 리 길도 한 걸음부터 ☐
- 44 티끌 모아 태산 ☐

20 일차
월 일
퍼즐북 85쪽, 미니북 80쪽

- 77 한술 밥에 배부르랴 ☐
- 78 다 된 죽에 코 풀기 ☐
- 79 보고 못 먹는 것은 그림의 떡 ☐
- 80 구더기 무서워 장 못 담글까 ☐

21 일차
월 일
퍼즐북 89쪽, 미니북 84쪽

- 81 콩 심은 데 콩 나고 팥 심은 데 팥 난다 ☐
- 82 벼 이삭은 익을수록 고개를 숙인다 ☐
- 83 작은 고추가 더 맵다 ☐
- 84 도토리 키 재기 ☐

22 일차
월 일
퍼즐북 93쪽, 미니북 88쪽

- 85 빛 좋은 개살구 ☐
- 86 수박 겉 핥기 ☐
- 87 남의 잔치에 감 놓아라 배 놓아라 한다 ☐
- 88 못 먹는 감 찔러나 본다 ☐

23 일차
월 일
퍼즐북 97쪽, 미니북 92쪽

- 89 등잔 밑이 어둡다 ☐
- 90 밑 빠진 독에 물 붓기 ☐
- 91 바늘 도둑이 소도둑 된다 ☐
- 92 자라 보고 놀란 가슴 솥뚜껑 보고 놀란다 ☐

24 일차
월 일
퍼즐북 101쪽, 미니북 96쪽

- 93 낫 놓고 기역 자도 모른다 ☐
- 94 믿는 도끼에 발등 찍힌다 ☐
- 95 빈 수레가 요란하다 ☐
- 96 호미로 막을 것을 가래로 막는다 ☐

퍼즐런으로 즐겁고 신나게 런!

5주 완성 속담 일정표

출발

● 오늘 배운 속담 중 뜻을 아는 것에 ✓표를

01 일차 월 일
퍼즐북 9쪽, 미니북 4쪽

- **01** 산 넘어 산이다 ☐
- **02** 땅 짚고 헤엄치기 ☐
- **03** 사공이 많으면 배가 산으로 간다 ☐
- **04** 될성부른 나무는 떡잎부터 알아본다 ☐

17 일차 월 일
퍼즐북 73쪽, 미니북 68쪽

- **65** 내 코가 석 자 ☐
- **66** 입은 비뚤어져도 말은 바로 하랬다 ☐
- **67** 눈 가리고 아웅 ☐
- **68** 앓던 이 빠진 것 같다 ☐

18 일차 월 일
퍼즐북 77쪽, 미니북 72쪽

- **69** 간에 붙었다 쓸개에 붙었다 한다 ☐
- **70** 배보다 배꼽이 더 크다 ☐
- **71** 발 없는 말이 천 리 간다 ☐
- **72** 열 손가락 깨물어 안 아픈 손가락이 없다 ☐

19 일차 월 일
퍼즐북 81쪽, 미니북 76쪽

- **73** 똥 누러 갈 적 마음 다르고 올 적 마음 다르다 ☐
- **74** 언 발에 오줌 누기 ☐
- **75** 방귀 뀐 놈이 성낸다 ☐
- **76** 방귀가 잦으면 똥 싸기 쉽다 ☐

16 일차 월 일
퍼즐북 69쪽, 미니북 64쪽

- **61** 병 주고 약 준다 ☐
- **62** 되로 주고 말로 받는다 ☐
- **63** 가는 말이 고와야 오는 말이 곱다 ☐
- **64** 백지장도 맞들면 낫다 ☐

15 일차 월 일
퍼즐북 65쪽, 미니북 60쪽

- **57** 친구 따라 강남 간다 ☐
- **58** 짚신도 제짝이 있다 ☐
- **59** 남의 손의 떡은 커 보인다 ☐
- **60** 먼 사촌보다 가까운 이웃이 낫다 ☐

드디어 도착이야!
이제 너도
속담 왕이야!
도착

25 일차 월 일
퍼즐북 105쪽, 미니북 100쪽

- **97** 구슬이 서 말이라도 꿰어야 보배 ☐
- **98** 귀에 걸면 귀걸이 코에 걸면 코걸이 ☐
- **99** 옥에도 티가 있다 ☐
- **100** 같은 값이면 다홍치마 ☐

14 일차 월 일
퍼즐북 61쪽, 미니북 56쪽

- **53** 고슴도치도 제 새끼는 함함하다고 한다 ☐
- **54** 사촌이 땅을 사면 배가 아프다 ☐
- **55** 형만 한 아우 없다 ☐
- **56** 누이 좋고 매부 좋다 ☐

13 일차 월 일
퍼즐북 57쪽, 미니북 52쪽

- **49** 참새가 방앗간을 그저 지나랴 ☐
- **50** 돌다리도 두들겨 보고 건너라 ☐
- **51** 우물 안 개구리 ☐
- **52** 아니 땐 굴뚝에 연기 날까 ☐

12 일차 월 일
퍼즐북 53쪽, 미니북 48쪽

- **45** 하나를 보고 열을 안다 ☐
- **46** 백 번 듣는 것이 한 번 보는 것만 못하다 ☐
- **47** 쇠귀에 경 읽기 ☐
- **48** 서당 개 삼 년에 풍월을 읊는다 ☐

퍼즐런 참가 신청서

속담 부문

이름:

위 사람은 퍼즐런 대회에 참가하여

퍼즐런 친구들과 함께 결승점까지

열심히 달려갈 것을 서약합니다.

20 년 월 일

속담은 예로부터 사람들의 입에서 입으로 전해져 온 말이야.
그래서 속담에는 옛날 사람들의 다양한 생활 모습뿐만 아니라,
우리 조상들의 문화와 풍습, 교훈이 잘 나타나 있어.

생활 속에서 속담을 잘 활용하면
복잡한 상황을 간결하고 효과적으로 표현할 수 있어.
아울러 속담의 뜻과 쓰임을 잘 이해한다면
어휘력과 문해력을 키우는 데에도 크게 도움이 될 거야.

어려울 것 같다고? 걱정하지 마!
이 책은 재미있는 퍼즐로만 가득 차 있거든.
속담을 하루에 4개씩, 25일 동안 퍼즐로 익히다 보면
어느새 '속담 왕'이 되어 있을 거야!

구성과 특징

퍼즐런 속담 이렇게 활용하세요!

퍼즐런은 두 가지 방법으로 활용할 수 있어요. 자신에게 맞는 방법을 선택해서 속담을 재미있게 공부해요.

방법 1 속담을 처음 공부한다면

먼저 미니북으로 속담을 익혀요.
그리고 퍼즐북을 풀며 속담을 내 것으로 만들어 보세요.

미니북 → 퍼즐북

방법 2 속담을 어느 정도 알고 있다면

먼저 퍼즐북을 차근차근 풀어 보세요.
중간중간 모르는 내용은 미니북을 참고하면서 해결해 보세요.

퍼즐북 + 미니북

※ 이 책의 속담 표기는 국립국어원의 『표준국어대사전』을 참고하였습니다.

퍼즐북

Fun! Puzzle! Learn!
재미있게 퍼즐로 배워요

1 시작 퍼즐로 속담 확인하기

그날에 배울 속담과 기본 뜻을 확인해요.

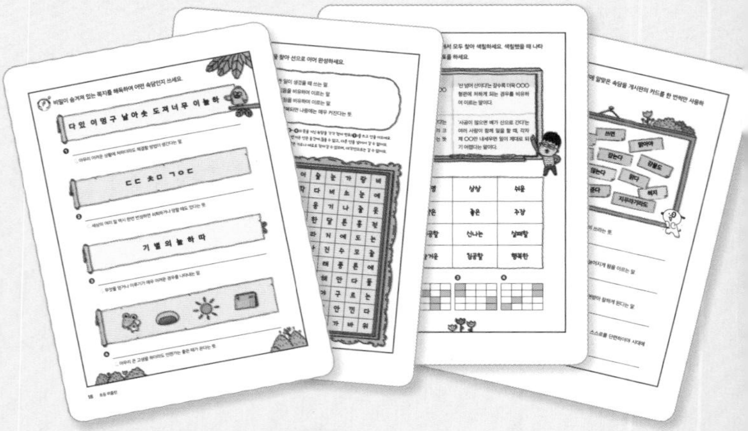

2 간단한 퍼즐로 속담 뜻 알기

빈칸 채우기, 선 잇기 등의 퍼즐을 통해 속담의 뜻을 익혀요.

퍼즐런에는
정답 페이지가 없어요!
미니북과 함께 공부하며
퍼즐을 완성한 후에
일차별 QR 코드를 찍어
정답을 확인해요!

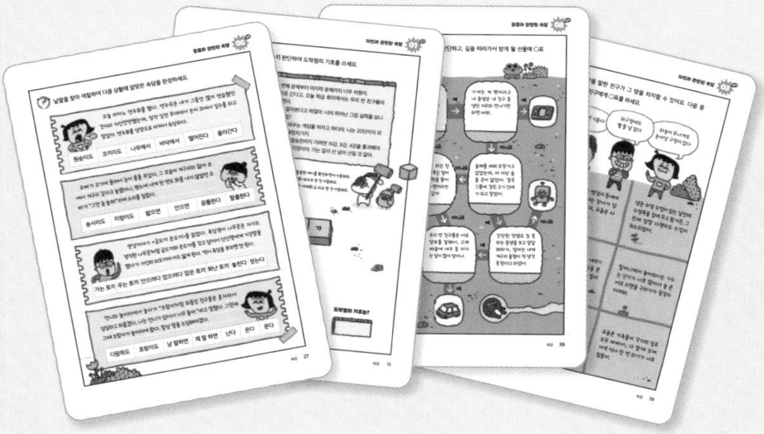

3 다양한 퍼즐로 속담의 활용 익히기

길 찾기, 땅따먹기 등 다양한 퍼즐에 나오는
생활 속 예문을 통해 쓰임을 이해해요.

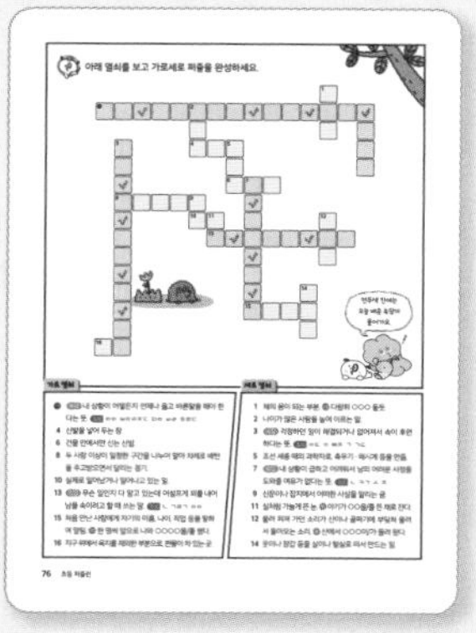

4 가로세로 퍼즐로 마무리하기

가로세로 퍼즐로 속담을 써 보면서 학습을 마무리해요. 속담 외에 초등학생이 알아야 할 필수 어휘도 함께 점검할 수 있어요.

미니북

초등학생이 꼭 알아야 할 속담 100개를
그림과 함께 배워요.

그림을 보며
속담의 뜻을 이해해요.

속담의 뜻을 알고
생활 속에서 속담을
어떻게 **활용**하는지
살펴봐요.

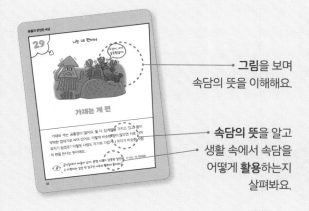

차례

퍼즐런과 함께 매일매일
하루 4개씩 25일 동안 속담을 배워요!

자연과 관련된 속담

동물과 관련된 속담

차례

재미있게 배우는
퍼즐런

01 일차 자연과 관련된 속담

공부한 날 월 일

정답 보기

• 미니북 4~7쪽

빈칸에 들어갈 낱말을 골라 ○표를 하고, 속담을 완성하세요.

□ 넘어 산이다

힘들게 산을 넘었는데 눈앞에 다시 높은 산이 놓여 있다는 말로, 갈수록 더욱 어려운 형편에 처하게 되는 경우를 비유하여 이르는 말이에요.

비슷한 속담 갈수록 태산

강 산 해

□ 짚고 헤엄치기

중심을 잡기 힘든 물속에서 손으로 땅을 짚으면 헤엄치기가 훨씬 쉬워지듯이, 아주 하기 쉬운 일을 비유하여 이르는 말이에요.

비슷한 속담 주먹으로 물 찧기

돌 땅 물

사공이 많으면 배가 □으로 간다

여러 사람이 함께 일을 할 때, 각자 제 주장만 내세우면 일이 제대로 되기 어렵다는 말이에요.

산 성 집

될성부른 □□는 떡잎부터 알아본다

크게 될 나무가 떡잎부터 다르듯이, 잘 될 사람은 어려서부터 남달리 크게 성공할 가능성이 엿보인다는 뜻이에요.

나무 뿌리 줄기

빈칸에 들어갈 알맞은 말을 낱말판에서 모두 찾아 색칠하세요. 색칠했을 때 나타나는 모양을 ❶~❹ 중에서 골라 ○표를 하세요.

'땅 짚고 헤엄치기'는 아주 하기 ○○ 일을 비유하여 이르는 말이다.

'산 넘어 산이다'는 갈수록 더욱 ○○○ 형편에 처하게 되는 경우를 비유하여 이르는 말이다.

'될성부른 나무는 떡잎부터 알아본다'는 잘될 사람은 어려서부터 남달리 크게 ○○○ 가능성이 엿보인다는 뜻이다.

'사공이 많으면 배가 산으로 간다'는 여러 사람이 함께 일을 할 때, 각자 제 ○○만 내세우면 일이 제대로 되기 어렵다는 말이다.

낱말판

반성	비명	상상	쉬운
싫은	얇은	좋은	주장
나태할	성공할	신나는	실패할
어려운	즐거운	침공할	행복한

❶

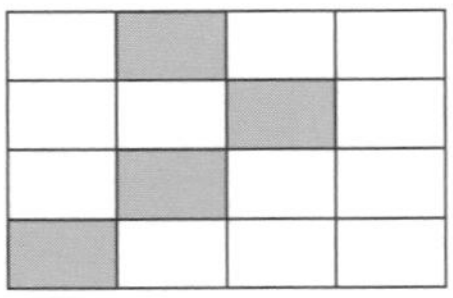

❷

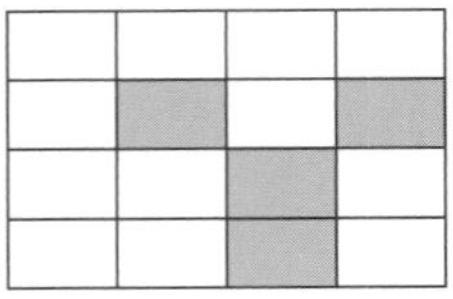

❸

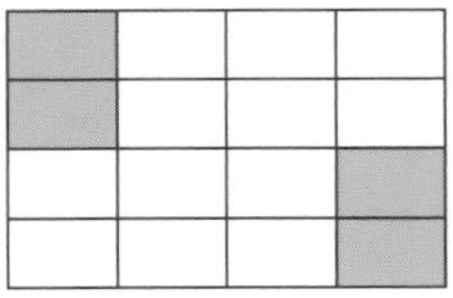

❹

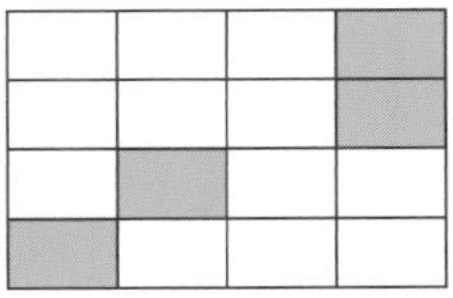

속담을 알맞게 활용하였는지 판단하여 도착점의 기호를 쓰세요.

❶ 산 넘어 산이라더니, 첫 번째 문제부터 마지막 문제까지 너무 쉬웠어.
❷ 사공이 많으면 배가 산으로 간다고, 오늘 학급 회의에서는 우리 반 친구들의 의견이 금방 하나로 모아졌어.
❸ 될성부른 나무는 떡잎부터 알아본다고 하잖아. 너의 뛰어난 그림 실력을 보니 나중에 멋진 화가가 되겠는걸?
❹ 2학년인 내 동생이 구구단을 외우는 게임을 하자고 하더라. 나는 20단까지 외울 수 있는데 그쯤은 땅 짚고 헤엄치기지.
❺ 이제 겨우 조별 예선이 끝났어. 결승전까지 가려면 16강, 8강, 4강을 통과해야 하는데 상대방이 모두 막강해서 걱정이야. 가는 길이 산 넘어 산일 것 같아.

칸을 이동하는 규칙
- ❶~❺의 번호 순서대로 속담을 활용한 예시를 확인하면서 이동해요.
- **속담을 알맞게 활용하였으면:** 오른쪽(→)으로 한 칸 이동해요.
- **속담을 알맞게 활용하지 못하였으면:** 아래쪽(↓)으로 한 칸 이동해요.

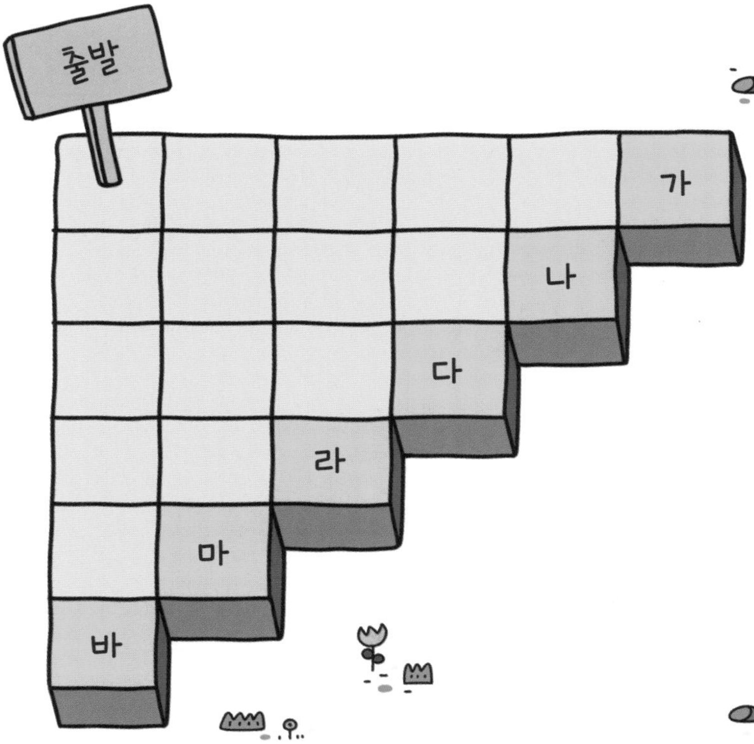

도착점의 기호는?

아래 열쇠를 보고 가로세로 퍼즐을 완성하세요.

가로 열쇠

ㄱ 속담 여러 사람이 함께 일을 할 때, 각자 제 주장만 내세우면 일이 제대로 되기 어렵다는 말.
초성 ㅅㄱㅇ ㅁㅇㅁ ㅂㄱ ㅅㅇㄹ ㄱㄷ

3 어떠하게 할 수 있거나 될 수 있을 만한 성질이나 정도.

5 회장에 다음가는 직위. 또는 그 직위에 있는 사람.

7 날고 있는 비행기에서 사람이나 물건을 땅 위에 내리도록 하는 데 쓰는 기구로, 우산처럼 생김.

8 공공 기관에서 세금 등의 납부 내용을 알려 주는 문서.
예 전기세 ○○○이/가 집에 오다.

9 방아로 곡식을 찧거나 빻는 가게.

10 어떤 사물이나 사건, 현상에 대해 일정한 줄거리를 가지고 하는 말이나 글. 예 재미있는 ○○○.

세로 열쇠

ㄴ 속담 잘될 사람은 어려서부터 남달리 크게 성공할 가능성이 엿보인다는 뜻.
초성 ㄷㅅㅂㄹ ㄴㅁㄴ ㄸㅇㅂㅌ ㅇㅇㅂㄷ

1 버스나 택시 등이 사람을 태우거나 내려 주기 위하여 멈추는 일정한 장소.

2 속담 아주 하기 쉬운 일이라는 말. 초성 ㄸ ㅈㄱ ㅎㅇㅊㄱ

4 공부나 일 등을 한 뒤에 나타난 결과.

6 속담 갈수록 더욱 어려운 형편에 처하게 되는 경우를 비유하여 이르는 말. 초성 ㅅ ㄴㅇ ㅅㅇㄷ

7 글자나 그림 등을 장난으로 아무 데나 마구 그려 놓음.

11 빛깔이 희거나 노랗거나 불그레하고, 맛이 달고 향기가 있으며, 굵은 씨가 들어 있는 둥근 여름 과일.

02 일차

자연과 관련된 속담

공부한 날 월 일

정답 보기

● 미니북 8~11쪽

다음 속담의 뜻을 사다리를 타고 내려가 확인하세요.

윗물이 맑아야 아랫물이 맑다	강물도 쓰면 준다	물에 빠지면 지푸라기라도 잡는다	흐르는 물은 썩지 않는다

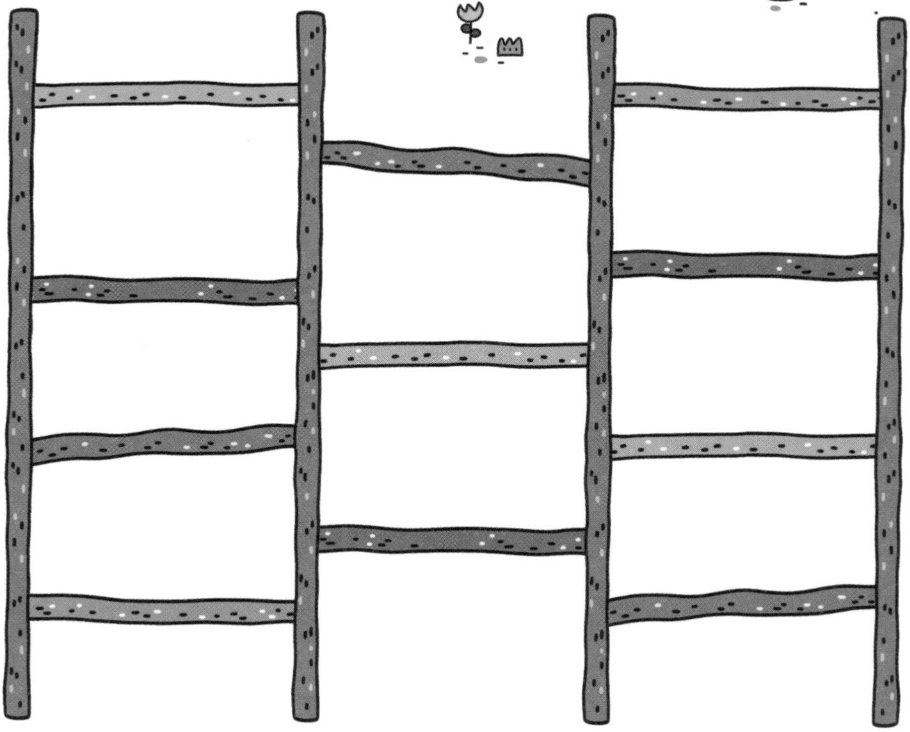

윗사람이 행동을 잘하면 아랫사람도 윗사람의 행동을 본받아 잘하게 된다는 말이에요.	위급한 상황에 처하면 무엇이나 닥치는 대로 잡고 늘어지게 됨을 이르는 말이에요.	많이 있다고 하여 함부로 헤프게 쓰지 말고 아껴 쓰라는 뜻이에요. 비슷한 속담 시냇물도 퍼 쓰면 준다	현재의 상황에 만족하기보다는 부지런히 일하고 공부하며 스스로를 단련하여야 시대에 뒤처지지 않는다는 것을 비유하여 이르는 말이에요.

주어진 속담의 뜻을 보고 이에 알맞은 속담을 게시판의 카드를 한 번씩만 사용하여 쓰세요.

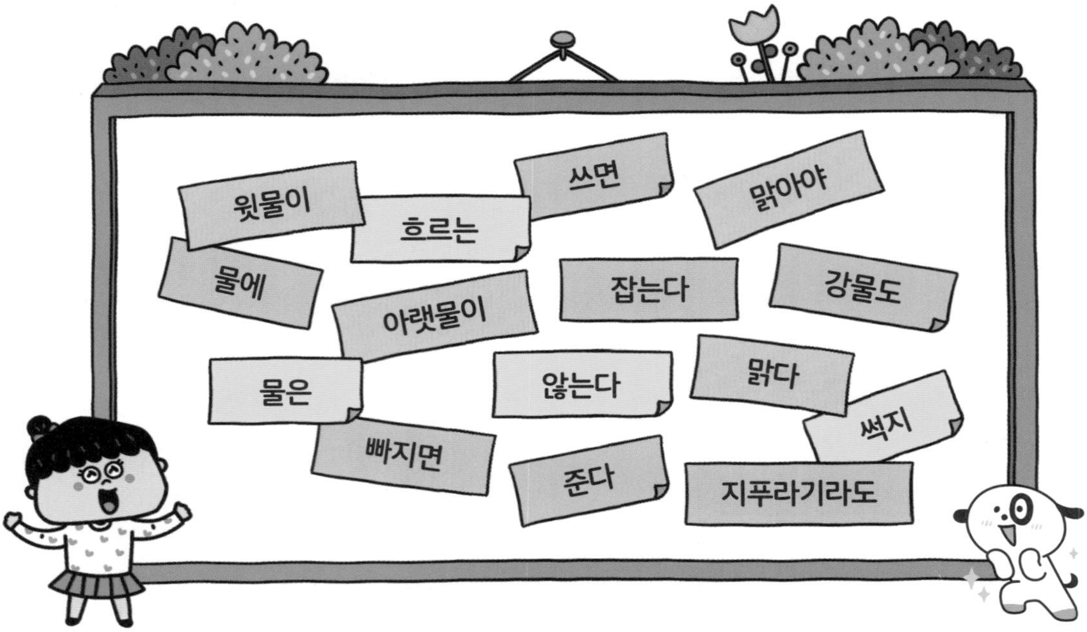

❶ 많이 있다고 하여 함부로 헤프게 쓰지 말고 아껴 쓰라는 뜻.

➡ ______________________________

❷ 위급한 상황에 처하면 무엇이나 닥치는 대로 잡고 늘어지게 됨을 이르는 말.

➡ ______________________________

❸ 윗사람이 행동을 잘하면 아랫사람도 윗사람의 행동을 본받아 잘하게 된다는 말.

➡ ______________________________

❹ 현재의 상황에 만족하기보다는 부지런히 일하고 공부하며 스스로를 단련하여야 시대에 뒤처지지 않는다는 것을 비유하여 이르는 말.

➡ ______________________________

낱말을 찾아 색칠하여 다음 상황에 알맞은 속담을 완성하세요.

좋아, 아까 배가 고파서 쓰러질 것 같다고 했지? 조그맣기는 한데 이 초콜릿이라도 줄까?

우와, 정말 고마워. 이거라도 먹으면 배가 덜 고플 것 같아. 잘 먹을게.

물에	불에	던지면	빠지면	물고기라도	지푸라기라도	버린다	잡는다

선생님, 매일 운동을 하게 된 계기가 있으신가요?

매일 새벽에 일어나 운동을 하시던 아버지를 따라 운동을 하다 보니 습관이 되었단다.

바닷물이	윗물이	맑아야	어두워야	시냇물이	아랫물이	맑다	밝다

연필심이 부러졌네. 하지만 괜찮아, 얼마 전에 연필 50자루를 선물 받았으니까 이건 버리고 새로운 걸 써야지.

연필심만 부러졌지 완전 새것이잖아. 연필이 많더라도 아껴 써야 해. 필요할 때 없으면 후회할 거야.

강물도	공기도	사면	쓰면	는다	준다

선빈아, 너는 어떻게 영어 실력이 그렇게 꾸준히 늘고 있는 거야? 혹시 특별한 공부 방법이라도 있니?

나는 영어를 배우기 시작할 때부터 영어로 된 책을 일주일에 한 권씩 읽고, 영어로 독후감을 쓰고 있어.

내리는	흐르는	물은	비는	썩지	얼지	못한다	않는다

아래 열쇠를 보고 가로세로 퍼즐을 완성하세요.

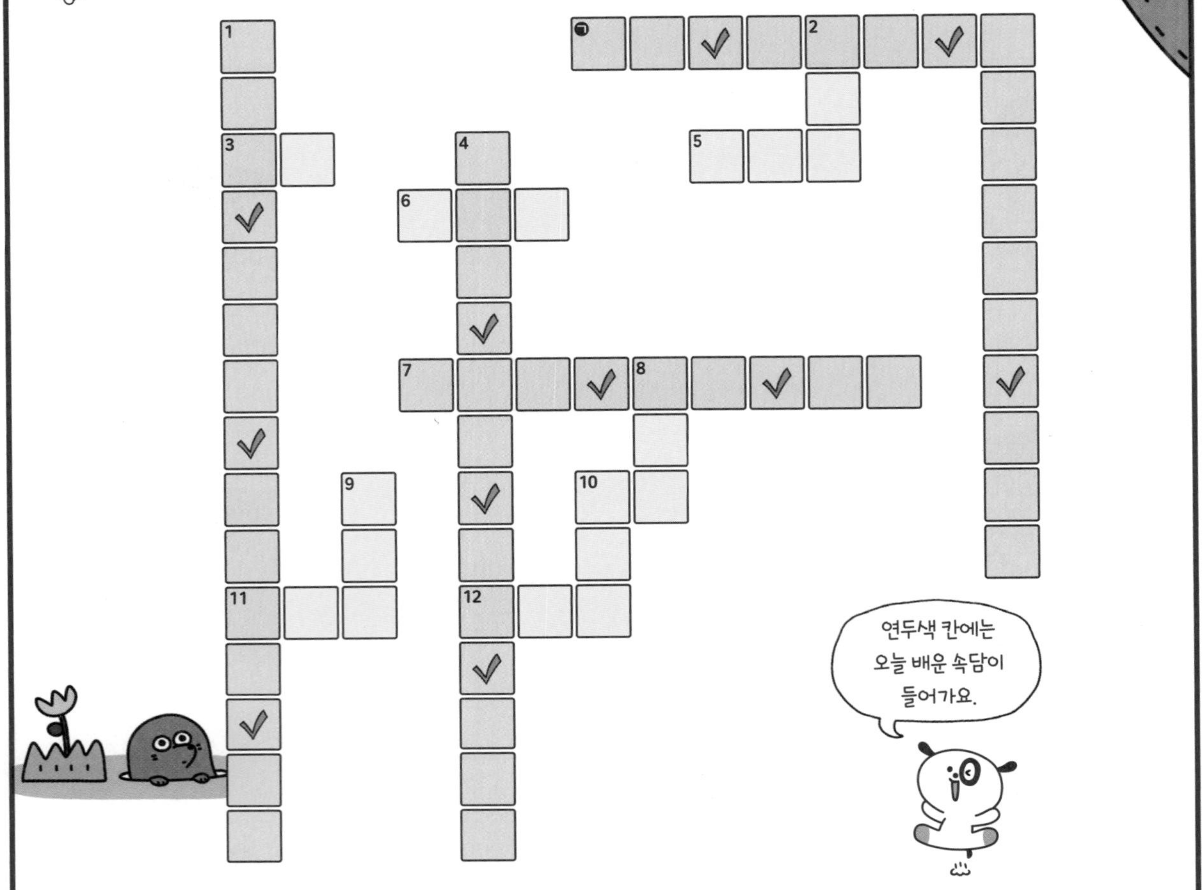
연두색 칸에는
오늘 배운 속담이
들어가요.

가로 열쇠

- ㉠ 속담 위급한 상황에 처하면 무엇이나 닥치는 대로 잡고 늘어지게 된다는 말. 초성 ㅁㅇ ㅃㅈㅁ ㅈㅍㄹㄱㄹㄷ ㅈㄴㄷ
- 3 잘 때에 몸을 덮기 위해 솜 등을 넣어 만든 것.
- 5 일정 기간 계속해서 많은 비가 내리는 날씨가 있는 시기.
- 6 이마에서 정수리까지의 머리카락을 양쪽으로 갈랐을 때 생기는 금. 예 갈래머리를 하려고 ○○○을/를 탔다.
- 7 속담 많이 있다고 하여 함부로 헤프게 쓰지 말고 아껴서 쓰라는 뜻. 초성 ㄱㅁㄷ ㅆㅁ ㅈㄷ
- 10 지구를 둘러싸고 있으며, 색깔 · 냄새가 없는, 사람이 숨을 쉴 때 들이마시고 내쉬는 모든 기체.
- 11 물속에서 눈에 물이 들어가지 않도록 쓰는 안경.
- 12 걸을 때에 도움을 받기 위하여 짚는 막대기.

세로 열쇠

- 1 속담 윗사람이 행동을 잘하면 아랫사람도 윗사람의 행동을 본받아 잘하게 된다는 말. 초성 ㅇㅁㅇ ㅁㅇㅇ ㅇㄹㅁㅇ ㅁㄷ
- 2 땅속으로 굴을 파서 놓은 철도 위를 달리는 전동차.
- 4 속담 현재의 상황에 만족하기보다는 부지런히 스스로를 단련하여야 시대에 뒤처지지 않는다는 말. 초성 ㅎㄹㄴ ㅁㅇ ㅆㅈ ㅇㄴㄷ
- 8 비로 쓸어 낸 먼지나 물건, 또는 못 쓰게 되어 버려야 될 것들을 통틀어 이르는 말.
- 9 멀리 있는 물체를 크고 정확하게 보도록 만든 장치. 예 ○○○(으)로 밤하늘의 별을 관찰했다.
- 10 공을 가지고 노는 놀이.

03 일차 자연과 관련된 속담

공부한날 월 일

정답 보기

● 미니북 12~15쪽

알맞은 퍼즐 조각을 골라 빈칸에 쓰고, 속담을 완성하세요.

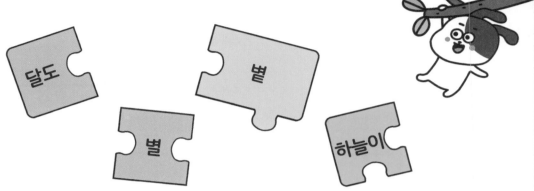

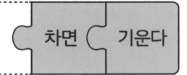

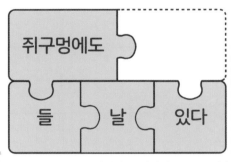

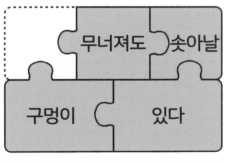

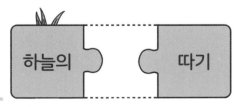

달도 / 별 / 별 / 하늘이

( ) 차면 기운다

달이 커졌다가 다시 줄어드는 것처럼, 세상의 여러 일 역시 한번 번성하면 쇠퇴하거나 망할 때도 있다는 뜻이에요.

비슷한 속담 그릇도 차면 넘친다

쥐구멍에도 ( ) 들 날 있다

아무리 큰 고생을 하더라도 언젠가는 좋은 때가 온다는 뜻으로, 희망을 가지라는 말이에요.

비슷한 속담 개똥밭에 이슬 내릴 때가 있다

( ) 무너져도 솟아날 구멍이 있다

아무리 어려운 상황에 처하더라도 해결할 방법이 생긴다는 말이에요.

하늘의 ( ) 따기

무엇을 얻거나 이루기가 매우 어려운 경우를 나타내는 말이에요.

비밀이 숨겨져 있는 쪽지를 해독하여 어떤 속담인지 쓰세요.

다 있 이 멍 구 날 아 솟 도 져 너 무 이 늘 하

❶ ____________________

아무리 어려운 상황에 처하더라도 해결할 방법이 생긴다는 말.

ㄷㄷ ㅊㅁ ㄱㅇㄷ

❷ ____________________

세상의 여러 일 역시 한번 번성하면 쇠퇴하거나 망할 때도 있다는 뜻.

기 별 의 늘 하 따

❸ ____________________

무엇을 얻거나 이루기가 매우 어려운 경우를 나타내는 말.

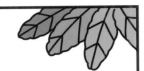

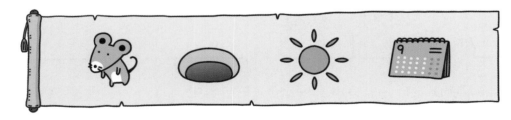

❹ ____________________

아무리 큰 고생을 하더라도 언젠가는 좋은 때가 온다는 뜻.

각각의 상황과 관련된 속담을 말한 친구가 그 땅을 차지할 수 있어요. 다음 중 가장 많은 땅을 차지하게 될 친구에게 ○표를 하세요.

하늘의 별 따기
달도 차면 기운다
쥐구멍에도 별 들 날 있다
하늘이 무너져도 솟아날 구멍이 있다

학교 도서관에서는 인기 있는 책을 빌리기가 너무 어려워. 항상 대출 중이더라고. 나는 언제쯤 빌릴 수 있을까?

작년에 새로운 빵집이 동네에 생겼어. 처음에는 장사가 엄청 잘되었었는데, 요즘은 사람이 별로 없더라.

생존 수영 수업이 있는 날인데 수영복을 집에 두고 왔거든. 그런데 정말 다행히도 수업이 취소되었어.

인기 있는 캐릭터 빵을 구하려고 동네 편의점을 다섯 곳이나 갔어. 그런데 전부 다 팔려서 단 한 개도 살 수 없었어.

교실을 나서는데 비가 내리기 시작했어. 마침 내 모습을 본 담임 선생님께서 우산을 빌려주셔서 무사히 집에 왔어.

할머니께서 좋아하시는 가수는 인기가 너무 많아서 늘 콘서트 티켓을 구하기가 굉장히 어려워.

늘 후보 선수였던 정우는 매일 저녁 개인 훈련을 3시간씩 꾸준히 한 끝에 드디어 우리 팀의 대표 공격수가 되었어.

가난으로 고생하던 흥부는 제비가 물어다 준 박씨 덕분에 금은보화를 얻어 큰 부자가 되었대. 정말 잘 됐다!

요즘은 가족들이 각자의 일로 모두 바빠서, 다 함께 모여 저녁 식사 한 번 하기가 너무 힘들어.

아래 열쇠를 보고 가로세로 퍼즐을 완성하세요.

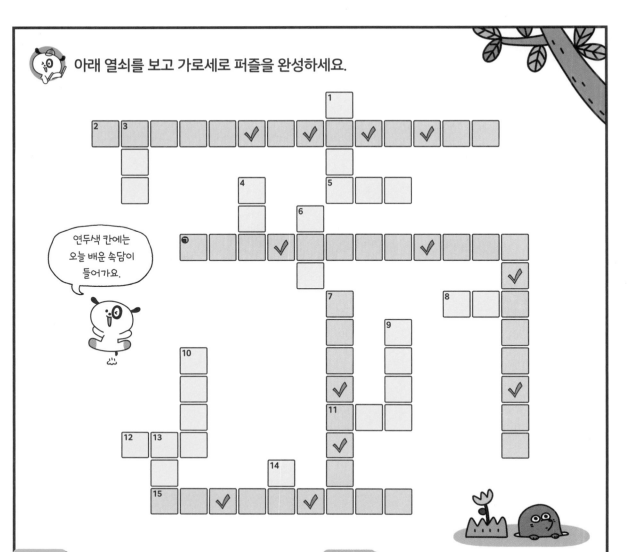

연두색 칸에는
오늘 배운 속담이
들어가요.

가로 열쇠

2 속담 아무리 큰 고생을 하더라도 언젠가는 좋은 때가 온다는 뜻. 초성 ㅈㄱㅁㅇㄷ ㅂ ㄷ ㄴ ㅇㄷ

5 어떤 일을 스스로의 능력으로 해낼 수 있다고 믿는 마음.

㉠ 속담 아무리 어려운 상황에 처하더라도 해결할 방법이 생긴다는 말. 초성 ㅎㄴㅇ ㅁㄴㅈㄷ ㅅㅇㄴ ㄱㅁㅇ ㅇㄷ

8 몸이나 옷차림을 보기 좋게 꾸미는 데 쓰는 물건.

11 신화에 나오는 동물이나 인물의 이름을 붙인, 하늘에 모여 있는 별의 무리.
예 천문대에서 ○○○을/를 찾아 보았다.

12 물체를 크게 보이도록 배를 볼록하게 만든 렌즈.

15 속담 세상의 여러 일 역시 한번 번성하면 쇠퇴하거나 망할 때도 있다는 뜻. 초성 ㄷㄷ ㅊㅁ ㄱㅇㄷ

세로 열쇠

1 앉아서 앞뒤로 흔들 수 있게 만든 의자.

3 위급한 환자나 부상자를 빨리 병원으로 실어 나르는 차.

4 땅이 움푹 파여 물이 괴어 있는 곳. 예 물이 고인 ○○○.

6 고무로 만들어 신축성이 좋은 줄.

7 속담 무엇을 얻거나 이루기가 매우 어려운 경우를 나타내는 말. 초성 ㅎㄴㅇ ㅂ ㄸㄱ

9 개울에 크고 넓적한 돌을 드문드문 놓아 만든 다리.

10 신호를 보내기 위해 입에 물고 불어서 소리를 내는 작은 기구. 예 ○○○○ 소리에 맞춰 체조를 했다.

13 음력 보름날 밤에 뜨는 둥근 달.

14 얼굴을 감추거나 달리 꾸미기 위하여 나무, 종이, 흙 등으로 만들어 얼굴에 쓰는 물건.

04 일차 자연과 관련된 속담

공부한날 월 일

정답 보기

• 미니북 16~19쪽

빈칸에 들어갈 낱말을 골라 ○표를 하고, 속담을 완성하세요.

마른하늘에 □□□

뜻하지 아니한 상황에서 나쁜 일이 생겼을 때 쓰는 말이에요.

비슷한 속담 맑은 하늘에 벼락 맞겠다

날벼락 / 담벼락 / 물벼락

□□□에 옷 젖는 줄 모른다

가늘게 내리는 비도 계속 맞다 보면 옷이 젖듯이, 아무리 사소한 것이라도 계속 반복되면 나중에는 매우 커진다는 뜻이에요.

가랑비 / 소나기 / 함박눈

□□ 앞의 등불

언제 꺼질지 모르는 바람 앞의 등불처럼, 매우 위태로운 처지에 놓여 있음을 비유하여 이르는 말이에요.

비슷한 속담 바람받이에 선 촛불

더위 / 바람 / 태양

□ 온 뒤에 땅이 굳어진다

비에 젖어 질척거리던 흙도 마르면서 단단하게 굳어지듯이, 사람도 어떤 시련을 겪은 뒤에 더 강해짐을 비유하여 이르는 말이에요.

눈 / 비 / 빛

❶~❹와 같은 뜻의 속담을 찾아 선으로 이어 완성하세요.

❶ 뜻하지 아니한 상황에서 나쁜 일이 생겼을 때 쓰는 말.

❷ 매우 위태로운 처지에 놓여 있음을 비유하여 이르는 말.

❸ 어떤 시련을 겪은 뒤에 더 강해짐을 비유하여 이르는 말.

❹ 아무리 사소한 것이라도 계속 반복되면 나중에는 매우 커진다는 뜻.

선을 잇는 규칙

- ❶~❹의 뜻을 지닌 속담을 각각 찾아 번호(❶)를 쓰고 선을 이으세요.
- 한 번 이은 선은 중간에 끊을 수 없고, 다른 선을 넘어서 갈 수 없어요.
- 속담은 가로나 세로로 찾아갈 수 있으며, 대각선으로는 갈 수 없어요.

❶ 마	람	의	속	촛	불	이	슬	눈	가	랑	비
른	하	늘	에	날	벼	락	다	비	소	눈	에
구	락	별	나	자	햇	빛	응	기	나	줄	옷
불	벼	따	라	된	살	드	한	달	른	홍	젖
횃	날	기	비	온	맛	는	라	지	에	도	는
대	비	회	는	뒤	후	날	산	진	수	모	줄
바	람	누	워	에	땅	이	굳	태	풍	른	에
구	앞	기	먹	이	떡	추	어	해	안	다	돌
른	의	등	마	파	람	눈	진	야	구	르	는
름	에	불	온	날	은	감	다	이	안	낀	다
락	비	산	태	씨	우	산	을	끼	가	바	위

상황에 맞게 속담을 활용하였는지 판단하고, 길을 따라가서 받게 될 선물에 ○표를 하세요.

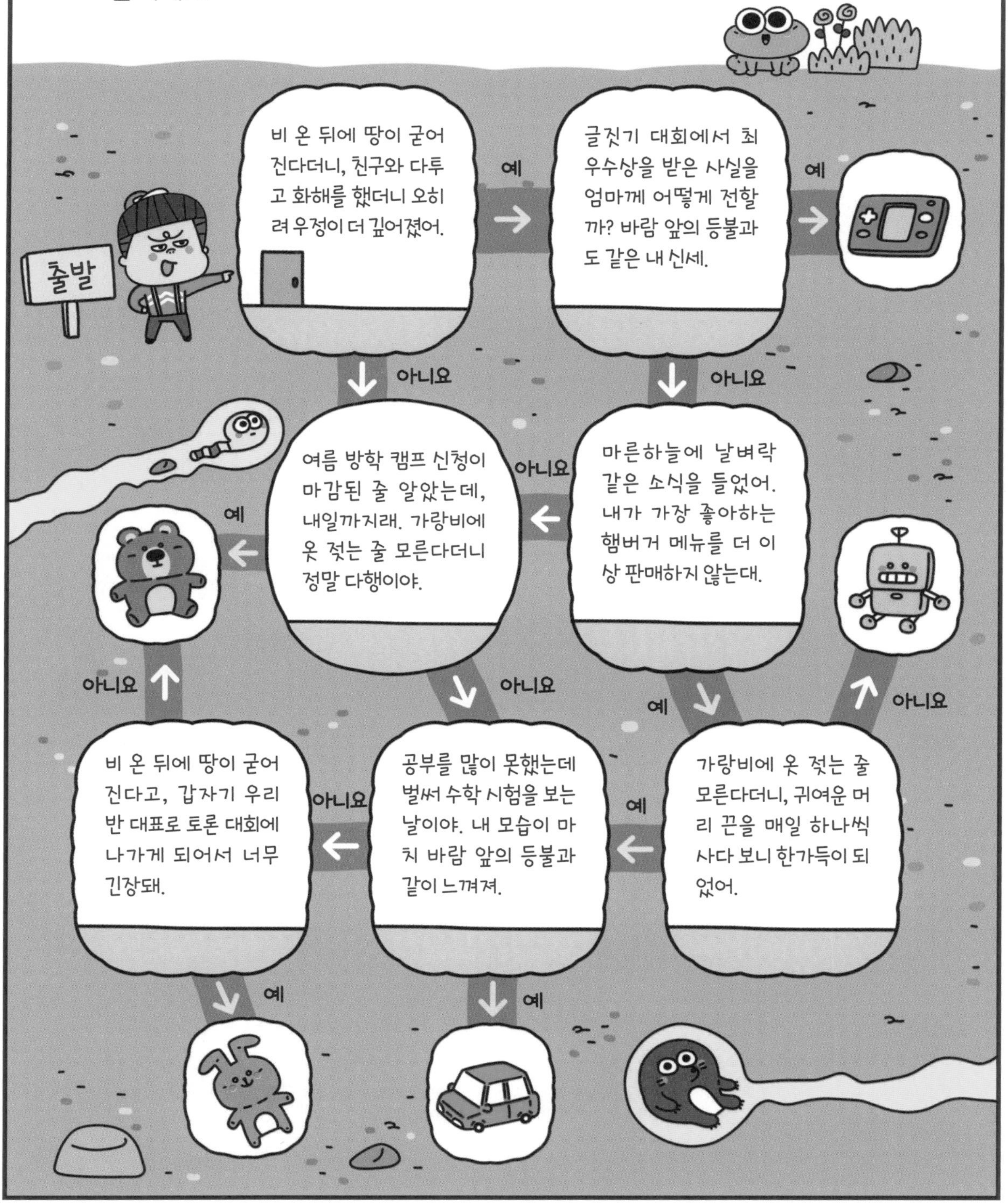

출발
비 온 뒤에 땅이 굳어진다더니, 친구와 다투고 화해를 했더니 오히려 우정이 더 깊어졌어.
예
글짓기 대회에서 최우수상을 받은 사실을 엄마께 어떻게 전할까? 바람 앞의 등불과도 같은 내 신세.
예
아니요
아니요
여름 방학 캠프 신청이 마감된 줄 알았는데, 내일까지래. 가랑비에 옷 젖는 줄 모른다더니 정말 다행이야.
아니요
마른하늘에 날벼락 같은 소식을 들었어. 내가 가장 좋아하는 햄버거 메뉴를 더 이상 판매하지 않는대.
예
아니요
아니요
예
아니요
비 온 뒤에 땅이 굳어진다고, 갑자기 우리 반 대표로 토론 대회에 나가게 되어서 너무 긴장돼.
아니요
공부를 많이 못했는데 벌써 수학 시험을 보는 날이야. 내 모습이 마치 바람 앞의 등불과 같이 느껴져.
예
가랑비에 옷 젖는 줄 모른다더니, 귀여운 머리 끈을 매일 하나씩 사다 보니 한가득이 되었어.
예
예

아래 열쇠를 보고 가로세로 퍼즐을 완성하세요.

가로 열쇠

2 하늘에 모여 있는 수많은 별의 무리를 강물에 비유하여 이르는 말.

4 속담 어떤 시련을 겪은 뒤에 더 강해짐을 비유하여 이르는 말. 초성 ㅂ ㅇ ㄷㅇ ㄸㅇ ㄱㅇㅈㄷ

6 그날그날의 비, 구름, 바람, 기온 등의 상태.

8 간편하게 가지고 다닐 수 있게 만든, 음식을 담는 작은 그릇, 또는 그 음식. 예 ○○○을/를 싸다.

9 속담 아무리 사소한 것이라도 계속 반복되면 나중에는 매우 커진다는 뜻. 초성 ㄱㄹㅂㅇ ㅇ ㅈㄴ ㅈ ㅁㄹㄷ

11 속담 매우 위태로운 처지에 놓여 있음을 비유하여 이르는 말. 초성 ㅂㄹ ㅇㅇ ㄷㅂ

13 옛사람이 남긴 건축물이나 역사적 사건이 일어났던 장소.

세로 열쇠

1 속담 뜻하지 아니한 상황에서 나쁜 일이 생겼을 때 쓰는 말. 초성 ㅁㄹㅎㄴㅇ ㄴㅂㄹ

3 상품이나 표가 모두 팔려 동이 남.

5 두껍고 단단하게 된, 손바닥이나 발바닥에 생긴 살.

7 지구 표면의 전부 또는 일부를 일정한 비율로 줄여, 이를 약속된 기호로 평면에 나타낸 그림.

10 나뭇가지, 마른 잎 등을 모아 놓고 집 밖에서 피우는 불. 예 ○○○ 주변으로 둥글게 모여 앉았다.

11 박을 두 쪽으로 쪼개거나 또는 나무나 플라스틱으로 그와 비슷하게 만들어 물을 푸거나 물건을 담을 때 쓰는 둥글고 오목한 그릇.

12 앞쪽으로 아래위에 각각 네 개씩 나 있는 이.

05 일차 동물과 관련된 속담

공부한 날 월 일

정답 보기

• 미니북 20~23쪽

다음 속담의 뜻을 사다리를 타고 내려가 확인하세요.

가는 토끼 잡으려다 잡은 토끼 놓친다	원숭이도 나무에서 떨어진다	호랑이도 제 말 하면 온다	지렁이도 밟으면 꿈틀한다

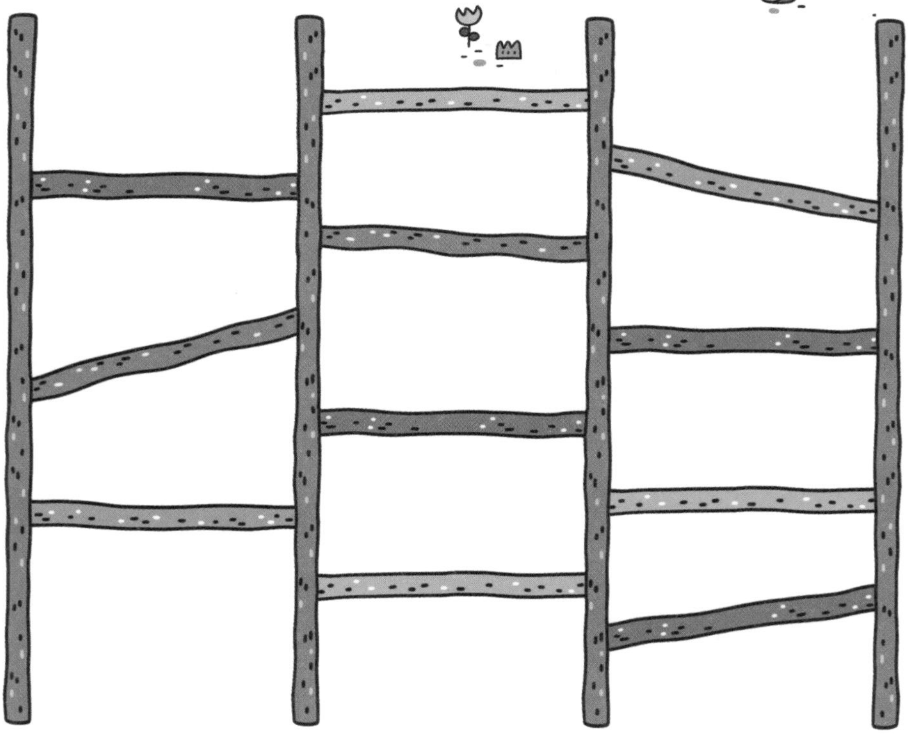

아무리 어떤 일에 익숙하고 잘하는 사람이라도 가끔 실수할 때가 있다는 뜻이에요.
비슷한 속담 닭도 홰에서 떨어지는 날이 있다

지나치게 욕심을 부리다가 이미 차지한 것까지 잃어버리게 됨을 비유하여 이르는 말이에요.

다른 사람에 관한 이야기를 하는데 마침 그 사람이 나타나는 경우를 이르는 말이에요.

아무리 순하고 좋은 사람이라도 너무 업신여기면 가만있지 않는다는 말이에요.
비슷한 속담 굼벵이도 밟으면 꿈틀한다

비밀이 숨겨져 있는 쪽지를 해독하여 어떤 속담인지 쓰세요.

다 친 놓 끼 토 은 잡 다 려 으 잡 끼 토 는 가

❶ ________________________________

지나치게 욕심을 부리다가 이미 차지한 것까지 잃어버리게 됨을 비유하여 이르는 말.

ㅎ ㄹ ㅇ ㄷ ㅈ ㅁ ㅎ ㅁ ㅇ ㄷ

❷ ________________________________

다른 사람에 관한 이야기를 하는데 마침 그 사람이 나타나는 경우를 이르는 말.

밟 면 으 틀 꿈 렁 이 한 다 지 도

❸ ________________________________

아무리 순하고 좋은 사람이라도 너무 업신여기면 가만있지 않는다는 말.

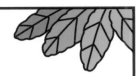

❹ ________________________________

아무리 어떤 일에 익숙하고 잘하는 사람이라도 가끔 실수할 때가 있다는 뜻.

낱말을 찾아 색칠하여 다음 상황에 알맞은 속담을 완성하세요.

오늘 피아노 연주회를 했다. 연주곡은 내가 그동안 많이 연습했던 것이라 자신만만했는데, 정작 실전 무대에서 손이 꼬여서 실수를 하고 말았다. 연주회를 엉망으로 마쳐서 속상하다.

원숭이도	코끼리도	나무에서	바닥에서	떨어진다	올라간다

오빠가 모기에 물려서 눈이 퉁퉁 부었다. 그 모습이 개구리와 닮아 보여서 개구리 같다고 놀렸더니, 평소에 내게 한 번도 화를 내지 않았던 오빠가 "그만 좀 놀려!"라며 소리를 질렀다.

송사리도	지렁이도	밟으면	안으면	꿈틀한다	탈출한다

옛날이야기 <금도끼 은도끼>를 읽었다. 욕심쟁이 나무꾼은 자기도 정직한 나무꾼처럼 금도끼와 은도끼를 갖고 싶어서 산신령에게 거짓말을 했다가 자신의 쇠도끼마저도 잃게 된다. 역시 욕심을 부리면 안 된다.

가는 토끼	우는 토끼	안으려다	잡으려다	잡은 토끼	화난 토끼	놓친다	얻는다

언니와 놀이터에서 놀다가 "보람이처럼 외동인 친구들은 혼자라서 심심하고 외롭겠다. 나는 언니가 있어서 너무 좋아."라고 말했다. 그런데 그때 보람이가 놀이터에 왔다. 항상 말을 조심해야겠다.

다람쥐도	호랑이도	남 말하면	제 말 하면	난다	온다	운다

아래 열쇠를 보고 가로세로 퍼즐을 완성하세요.

가로 열쇠

3 속담 다른 사람에 관한 이야기를 하는데 마침 그 사람이 나타난 경우를 이르는 말. 초성 ㅎㄹㅇㄷ ㅈ ㅁ ㅎㅁ ㅇㄷ

㉠ 속담 지나치게 욕심을 부리다가 이미 차지한 것까지 잃을 수 있다는 말. 초성 ㄱㄴ ㅌㄲ ㅈㅇㄹㄷ ㅈㅇ ㅌㄲ ㄴㅊㄷ

5 주먹 모양으로 둥글게 뭉친 밥 덩이.

6 사회의 유익한 사업 자금을 모으기 위해 벌이는 시장. 예 학교에서 자선 ○○○이/가 열렸다.

8 음력 팔월 보름날로, 우리나라 명절 중 하나.

10 여러 명의 아이들이 앞사람의 어깨나 허리를 잡아 긴 줄을 이루어 기차 소리를 흉내 내며 다니는 놀이.

12 속담 어떤 일에 익숙하고 잘하는 사람이라도 가끔 실수할 때가 있다는 뜻. 초성 ㅇㅅㅇㄷ ㄴㅁㅇㅅ ㄸㅇㅈㄷ

세로 열쇠

1 속담 아무리 순하고 좋은 사람이라도 너무 업신여기면 가만있지 않는다는 말. 초성 ㅈㄹㅇㄷ ㅂㅇㅁ ㄲㅌㅎㄷ

2 사실이 아닌 것을 사실인 것처럼 꾸며서 하는 말.

4 쌀에 잡곡을 섞어서 지은 밥.

5 물 등을 데우거나, 담아서 따를 수 있게 만든, 작은 주둥이와 손잡이가 달려 있는 그릇.

6 바지에서 다리를 넣는 부분.

7 어느 곳에서 느껴지는 독특한 기운이나 기분.

9 사람이 먹을 수 있는 열매를 얻기 위한 과실나무를 심은 밭. 예 ○○○에 사과를 따러 왔다.

11 병이나 건강 상태를 검사하고 진찰하는 일. 예 치과에 가서 구강 ○○을/를 받았다.

06 일차

동물과 관련된 속담

공부한날 월 일

정답 보기

• 미니북 24~27쪽

알맞은 퍼즐 조각을 골라 빈칸에 쓰고, 속담을 완성하세요.

곰이 / 다람쥐 / 굼벵이도 / 하룻 강아지

( ) 쳇바퀴 돌듯

어떤 변화나 발전이 없이 똑같은 일이나 생활을 계속하는 모습을 비유하여 이르는 말이에요.

비슷한 속담 개미 쳇바퀴 돌듯

재주는 ( ) 넘고 돈은 주인이 받는다

수고하여 일한 사람은 따로 있고, 그 일에 대한 보상은 다른 사람이 받는다는 말이에요.

( ) 범 무서운 줄 모른다

상대가 되지 못하면서 강한 상대에게 철없이 함부로 덤비는 경우를 비유하여 이르는 말이에요.

( ) 구르는 재주가 있다

아무리 능력이 없는 사람이라도 한 가지 재주는 있다는 뜻이에요.

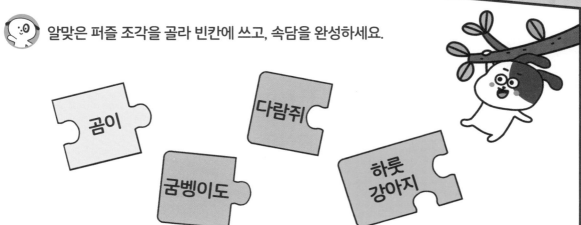

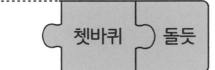

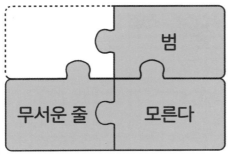

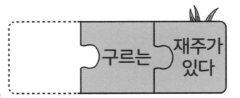

주어진 속담의 뜻을 보고 이에 알맞은 속담을 게시판의 카드를 한 번씩만 사용하여 쓰세요.

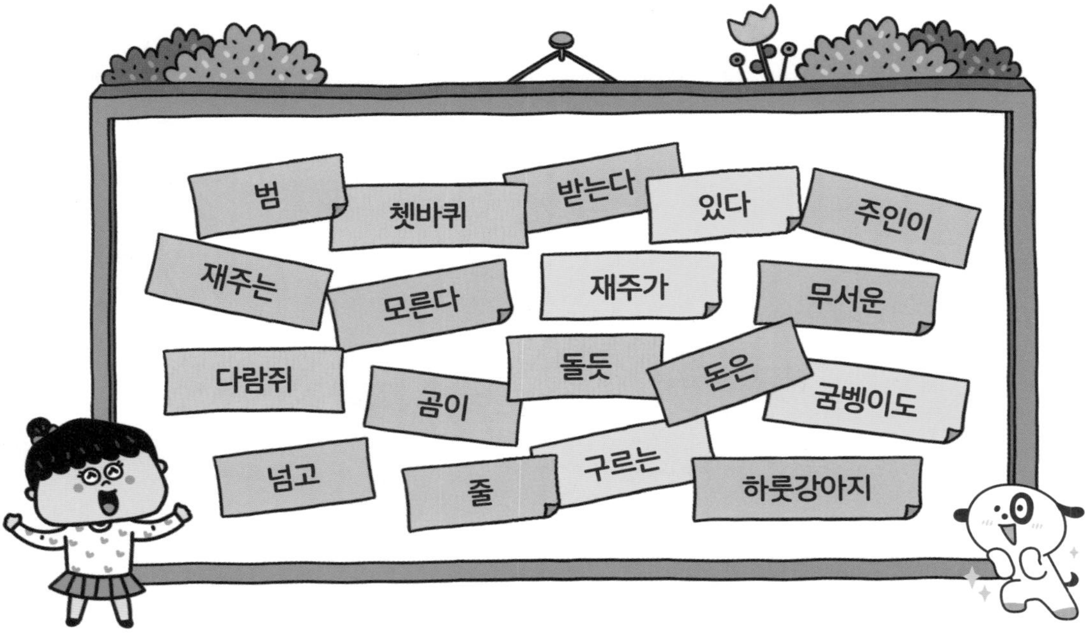

❶ 아무리 능력이 없는 사람이라도 한 가지 재주는 있다는 뜻.

➡ ______________________________

❷ 수고하여 일한 사람은 따로 있고, 그 일에 대한 보상은 다른 사람이 받는다는 말.

➡ ______________________________

❸ 어떤 변화나 발전이 없이 똑같은 일이나 생활을 계속하는 모습을 비유하여 이르는 말.

➡ ______________________________

❹ 상대가 되지 못하면서 강한 상대에게 철없이 함부로 덤비는 경우를 비유하여 이르는 말.

➡ ______________________________

속담을 알맞게 활용하였는지 판단하여 도착점의 기호를 쓰세요.

❶ 매일 아침마다 줄넘기를 했더니, 다람쥐 쳇바퀴 돌듯 실력이 늘고 있어. 신난다!

❷ 굼벵이도 구르는 재주가 있는 법이야. 내가 다른 과목은 못해도 미술만큼은 자신 있어.

❸ 바둑의 고수인 할아버지께 바둑 시합을 하자고 하다니, 하룻강아지 범 무서운 줄 모르는구나.

❹ 굼벵이도 구르는 재주가 있다더니, 하영이는 운동을 잘 못하지만 그래도 우리 반에서 가장 유연해서 스트레칭은 잘 해.

❺ 재주는 곰이 넘고 돈은 주인이 받는다더니, 간식 그릇이 설거지되어 있는 것을 본 엄마께서 기특하다며 동생만 칭찬해 주셨어. 다 내가 한 건데…….

칸을 이동하는 규칙

- ❶~❺의 번호 순서대로 속담을 활용한 예시를 확인하면서 이동해요.
- **속담을 알맞게 활용하였으면:** 오른쪽(→)으로 한 칸 이동해요.
- **속담을 알맞게 활용하지 못하였으면:** 아래쪽(↓)으로 한 칸 이동해요.

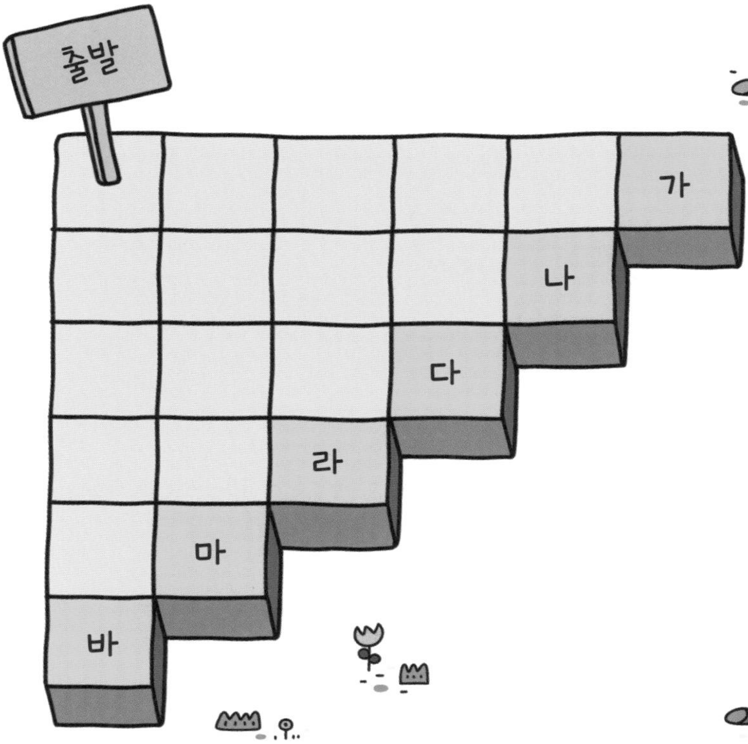

도착점의 기호는?

아래 열쇠를 보고 가로세로 퍼즐을 완성하세요.

가로 열쇠

㉠ 속담 상대가 되지 못하면서 강한 상대에게 철없이 함부로 덤비는 경우를 비유하여 이르는 말.

초성 ㅎㄹㄱㅇㅈ ㅂ ㅁㅅㅇ ㅈ ㅁㄹㄷ

3 어떤 지역과 다른 지역이 맞닿는 선.

4 한 사회 안에 여러 민족이나 여러 국가의 문화가 뒤섞여 있는 것을 이르는 말. 예 미국은 OOO 사회이다.

6 모래를 성처럼 쌓은 것.

7 모임이나 예식 등의 진행을 맡아보는 사람.

8 빨래를 널어 말리는 줄.

9 나무나 풀의 잎에 달린 하나하나의 잎.

10 건물의 기초를 튼튼하게 하기 위해 기둥 밑에 받쳐 놓은 돌.

11 마음속에 숨기고 있는 것을 사실대로 다 말하는 것.

세로 열쇠

1 속담 아무리 능력이 없는 사람이라도 한 가지 재주는 있다는 뜻. 초성 ㄱㅂㅇㄷ ㄱㄹㄴ ㅈㅈㄱ ㅇㄷ

2 자연의 경치를 그린 그림. 예 시골의 모습을 그린 OOO.

4 속담 어떤 변화나 발전 없이 똑같은 일이나 생활을 계속하는 모습을 이르는 말. 초성 ㄷㄹㅈ ㅊㅂㅋ ㄷㄷ

5 추석에 여럿이 손을 잡고 둥글게 줄을 지어 돌며 부르는 노래. 또는 그 노래에 맞추어 추는 춤.

㉡ 속담 수고하여 일한 사람은 따로 있고, 그 일에 대한 보상은 다른 사람이 받는다는 말.

초성 ㅈㅈㄴ ㄱㅇ ㄴㄱ ㄷㅇ ㅈㅇㅇ ㅂㄴㄷ

6 더위나 추위를 막기 위해 머리에 쓰는 물건.

7 높은 곳을 오르내릴 때 발을 디딜 수 있도록 만든 기구.

07 일차 동물과 관련된 속담

공부한 날 월 일

정답 보기

● 미니북 28~31쪽

빈칸에 들어갈 낱말을 골라 ○표를 하고, 속담을 완성하세요.

□□□ 날자 배 떨어진다

아무 관계 없이 한 일이 우연히 동시에 일어나 어떤 관계가 있는 것처럼 의심을 받는다는 뜻이에요.

기러기 까마귀 비둘기

낮말은 새가 듣고 밤말은 □가 듣는다

아무리 비밀스럽게 한 말이라도 남의 귀에 들어갈 수 있으니 늘 말조심을 해야 한다는 뜻이에요.

개 소 쥐

□ 먹고 알 먹는다

꿩을 잡으러 갔다가 알까지 얻은 상황처럼, 한 가지 일을 하여 두 가지 이상의 이익을 얻는다는 뜻이에요.

비슷한 속담 굿도 볼 겸 떡도 먹을 겸

게 꿩 뱀

□□가 황새를 따라가면 다리가 찢어진다

자신의 능력에 비해 힘에 겨운 일을 억지로 하면 도리어 해만 입는다는 말이에요.

백조 뱁새 타조

❶~❹와 같은 뜻의 속담을 찾아 선으로 이어 완성하세요.

❶ 한 가지 일을 하여 두 가지 이상의 이익을 얻는다는 뜻.

❷ 자신의 능력에 비해 힘에 겨운 일을 억지로 하면 도리어 해만 입는다는 말.

❸ 아무리 비밀스럽게 한 말이라도 남의 귀에 들어갈 수 있으니 늘 말조심을 해야 한다는 뜻.

❹ 아무 관계 없이 한 일이 우연히 동시에 일어나 어떤 관계가 있는 것처럼 의심을 받는다는 뜻.

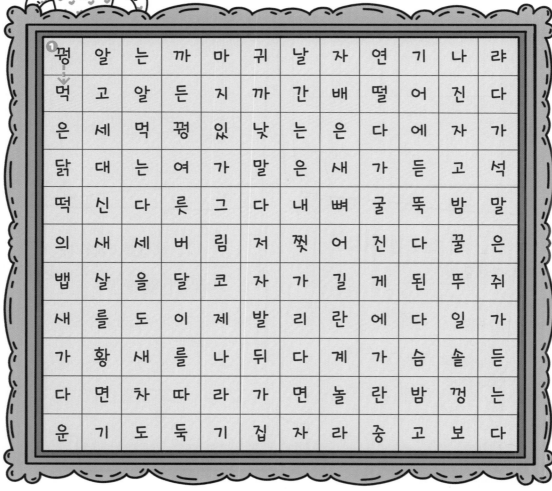

선을 잇는 규칙
- ❶~❹의 뜻을 지닌 속담을 각각 찾아 번호(❶)를 쓰고 선을 이으세요.
- 한 번 이은 선은 중간에 끊을 수 없고, 다른 선을 넘어서 갈 수 없어요.
- 속담은 가로나 세로로 찾아갈 수 있으며, 대각선으로는 갈 수 없어요.

❶ 꿩	알	는	까	마	귀	날	자	연	기	나	랴
먹	고	알	든	지	까	간	배	떨	어	진	다
은	세	먹	꿩	있	낫	는	은	다	에	자	가
닭	대	는	여	가	말	은	새	가	듣	고	석
떡	신	다	릇	그	다	내	뼈	굴	뚝	밤	말
의	새	세	버	림	저	찢	어	진	다	꿀	은
뱁	살	을	달	코	자	가	길	게	된	뚜	쥐
새	를	도	이	제	발	리	란	에	다	일	가
가	황	새	를	나	뒤	다	계	가	슴	솥	듣
다	면	차	따	라	가	면	놀	란	밤	껑	는
운	기	도	둑	기	집	자	라	중	고	보	다

각각의 상황과 관련된 속담을 말한 친구가 그 땅을 차지할 수 있어요. 다음 중 가장 많은 땅을 차지하게 될 친구에게 ○표를 하세요.

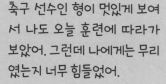

꿩 먹고
알 먹는다
까마귀 날자
배 떨어진다
낮말은 새가 듣고
밤말은 쥐가 듣는다
뱁새가 황새를
따라가면 다리가
찢어진다

수학을 잘하는 은우를 따라 심화 문제집을 샀어. 그런데 나는 수학을 잘 못해서인지 풀 수 있는 문제가 거의 없어.

거실에서 기지개를 폈는데, 어디선가 '뿡'하고 소리가 났어. 그랬더니 오빠가 나에게 방귀를 뀌었냐고 물었어.

화장실에 나와 친구만 있는 줄 알고 비밀 이야기를 했는데, 같은 반 친구가 문을 열고 나왔어. 다 들었겠지?

가족들과 경주 여행을 다녀왔어. 마침 유적지가 많아서 역사 공부도 하고, 맛있는 음식도 많이 먹어서 참 즐거웠어.

오늘 나와 내 짝꿍이 우연히 똑같은 티셔츠를 입고 왔는데, 한 친구가 우리를 보고 미리 약속한 것 아니냐며 묻더라.

축구 선수인 형이 멋있게 보여서 나도 오늘 훈련에 따라가 보았어. 그런데 나에게는 무리였는지 너무 힘들었어.

언니는 유연해서 다리가 일자로 쫙 벌어져. 나도 언니처럼 하고 싶어서 괜히 따라 했다가 다리만 아팠지 뭐야.

곧 엄마의 생신이라 오빠와 방에서 몰래 선물을 정하고 있었는데, 우리 목소리가 컸는지 엄마가 다 들으신 것 같아.

도서관에서 과학 학습 만화를 빌려서 읽었어. 만화로 되어 있어서 술술 읽혔는데, 과학 공부도 되어서 유익했어.

아래 열쇠를 보고 가로세로 퍼즐을 완성하세요.

연두색 칸에는
오늘 배운 속담이
들어가요.

가로 열쇠

ㄱ (속담) 자신의 능력에 비해 힘에 겨운 일을 억지로 하면 도리어 해만 입는다는 말.
(초성) ㅂㅅㄱ ㅎㅅㄹ ㄸㄹㄱㅁ ㄷㄹㄱ ㅉㅇㅈㄷ

4 수증기를 내뿜어서 실내의 습도를 조절하는 전기 기구.

5 소설 쓰는 일을 전문적으로 하는 사람.

6 사람이 살아가기 위하여 먹는 음식을 통틀어 이르는 말.

7 방송과 그에 관련된 일을 하는 기관.

8 밤알이 들어 있는, 뾰족한 가시들이 돋친 두꺼운 겉껍데기. (예) ○○○을/를 벌리고 알밤을 꺼냈다.

11 (속담) 아무 관계 없이 한 일이 우연히 동시에 일어나 어떤 관계가 있는 것처럼 의심을 받는다는 뜻.
(초성) ㄲㅁㄱ ㄴㅈ ㅂ ㄸㅇㅈㄷ

세로 열쇠

ㄴ (속담) 늘 말조심을 해야 한다는 뜻.
(초성) ㄴㅁㅇ ㅅㄱ ㄷㄱ ㅂㅁㅇ ㅈㄱ ㄷㄴㄷ

1 쌀쌀맞게 시치미를 떼는 태도의 성격을 지닌 사람.

2 (속담) 한 가지 일을 하여 두 가지 이상의 이익을 얻는다는 뜻. (초성) ㄲ ㅁㄱ ㅇ ㅁㄴㄷ

3 필요 이상으로 듣기 싫게 꾸짖거나 꾸중하여 말함.

4 소, 말, 닭, 돼지 등 집에서 기르는 짐승.

7 무엇을 두드리거나 치는 데에 쓰는 길고 둘레가 둥근 도구. (예) ○○○(으)로 쌀을 찧었다.

9 가을철의 날. 또는 그 날씨.

10 상반신은 사람과 같고 하반신은 물고기와 같다는 상상 속의 동물.

동물과 관련된 속담

공부한날 월 일

정답 보기

• 미니북 32~35쪽

알맞은 퍼즐 조각을 골라 빈칸에 쓰고, 속담을 완성하세요.

개구리 / 고기 / 게 편 / 새우

가재는 ( )

자기와 가깝거나 처지가 비슷한 사람의 편을 든다는 뜻이에요.

비슷한 속담 가재는 게 편이요 초록은 한 빛이라

( ) 올챙이 적 생각 못 한다

형편이 전에 비하여 나아진 사람이 어려웠던 때는 생각하지 못하고 처음부터 잘났던 것처럼 뽐냄을 비유하여 이르는 말이에요.

고래 싸움에 ( ) 등 터진다

강한 사람들끼리 싸우는 틈에서 아무 상관도 없는 약한 사람이 중간에 끼어 피해를 입게 된다는 뜻이에요.

그물에 걸린 ( ) 신세

어부의 그물에 걸려 이러지도 저러지도 못하는 고기처럼, 이미 잡혀서 옴짝달싹 못하는 상황을 나타내는 말이에요.

비슷한 속담 그물에 걸린 토끼 신세

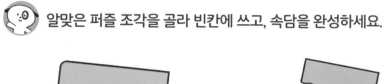

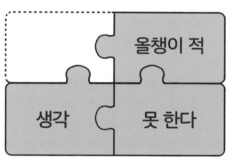

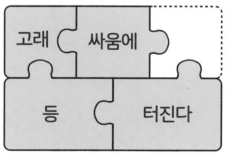

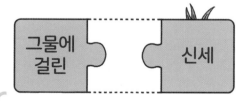

빈칸에 들어갈 알맞은 말을 낱말판에서 모두 찾아 색칠하세요. 색칠했을 때 나타나는 모양을 ❶~❹ 중에서 골라 ○표를 하세요.

'그물에 걸린 고기'는 이미 잡혀서 ○○○○ 못하는 상황을 나타내는 말이다.

'가재는 게 편'은 자기와 가깝거나 처지가 ○○○ 사람의 편을 든다는 뜻이다.

'고래 싸움에 새우 등 터진다'는 강한 사람들끼리 싸우는 틈에서 아무 상관도 없는 약한 사람이 중간에 끼어 ○○를 입게 된다는 뜻이다.

'개구리 올챙이 적 생각 못 한다'는 형편이 전에 비하여 나아진 사람이 어려웠던 때는 생각하지 못하고 처음부터 ○○○ 것처럼 뽐낸다는 말이다.

낱말판

공해	오해	이해	피해
깨끗한	못났던	비겁한	비슷한
잘났던	지루한	혼났던	화났던
알콩달콩	옴짝달싹	울퉁불퉁	중얼중얼

❶
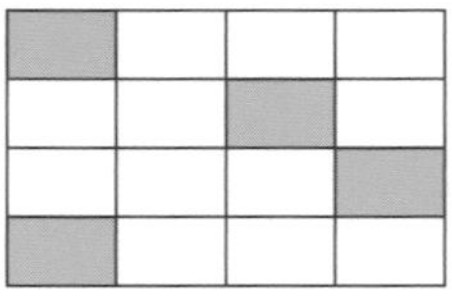

❷
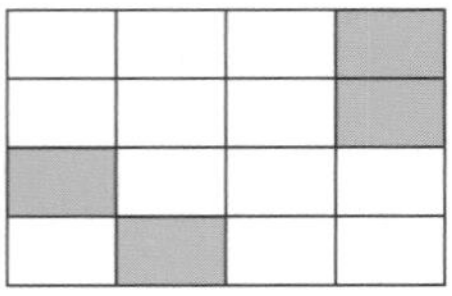

❸
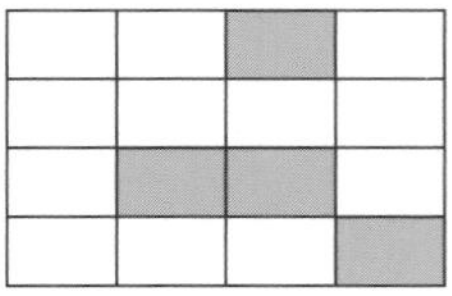

❹
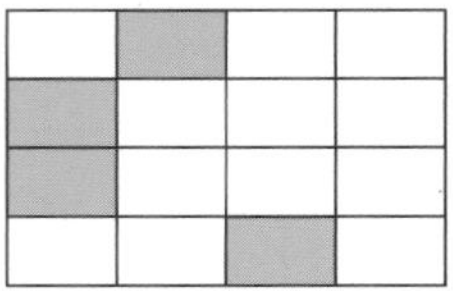

상황에 맞게 속담을 활용하였는지 판단하고, 길을 따라가서 받게 될 선물에 ○표를 하세요.

아래 열쇠를 보고 가로세로 퍼즐을 완성하세요.

연두색 칸에는
오늘 배운 속담이
들어가요.

가로 열쇠

3 속담 강한 사람들끼리 싸우는 틈에서 아무 상관도 없는 약한 사람이 중간에 끼어 피해를 입게 된다는 뜻.
초성 ㄱㄹ ㅆㅇㅇ ㅅㅇ ㄷ ㅌㅈㄷ

㉠ 속담 형편이 전에 비하여 나아진 사람이 어려웠던 때는 생각하지 못하고 처음부터 잘났던 것처럼 뽐냄을 비유하여 이르는 말. 초성 ㄱㄱㄹ ㅇㅊㅇ ㅈ ㅅㄱ ㅁ ㅎㄷ

8 더위를 쫓는 기구 중 하나로, 전기의 힘으로 날개를 돌려 바람을 일으키는 장치. 예 더워서 ○○○을/를 켰다.

11 여러 사람에게 알리기 위하여 내붙인 글이나 그림.

12 돈이나 재물 등을 쓰는 것을 몹시 아끼는 사람.
예 그는 돈을 매우 아껴 ○○○(이)라고 불린다.

13 신발을 넣어 들고 다니는 주머니.

세로 열쇠

1 속담 이미 잡혀서 옴짝달싹 못하는 상황을 나타내는 말. 초성 ㄱㅁㅇ ㄱㄹ ㄱㄱ ㅅㅅ

2 돌로 만든 다리.

4 새로 돋은 싹. 예 파릇파릇한 ○○이/가 돋아났다.

5 운동, 놀이, 탐험 등의 목적으로 산에 오름.

6 유리를 낀 창. 예 ○○○에 김이 서리다.

7 속담 자기와 가깝거나 처지가 비슷한 사람의 편을 든다는 뜻. 초성 ㄱㅈㄴ ㄱ ㅍ

8 다른 사람에게 고맙거나 축하한다는 뜻으로 주는 물건.

9 대나 싸리, 플라스틱 등을 엮어서 속이 깊숙하게 만든 그릇. 예 장난감을 ○○○에 정리했다.

10 자물쇠를 돌려 잠그거나 열 수 있게 하는 도구.

동물과 관련된 속담

공부한날 월 일

정답 보기

• 미니북 36 ~39쪽

다음 속담의 뜻을 사다리를 타고 내려가 확인하세요.

닭 쫓던 개 지붕 쳐다보듯

고양이 목에 방울 달기

똥 묻은 개가 겨 묻은 개 나무란다

소 잃고 외양간 고친다

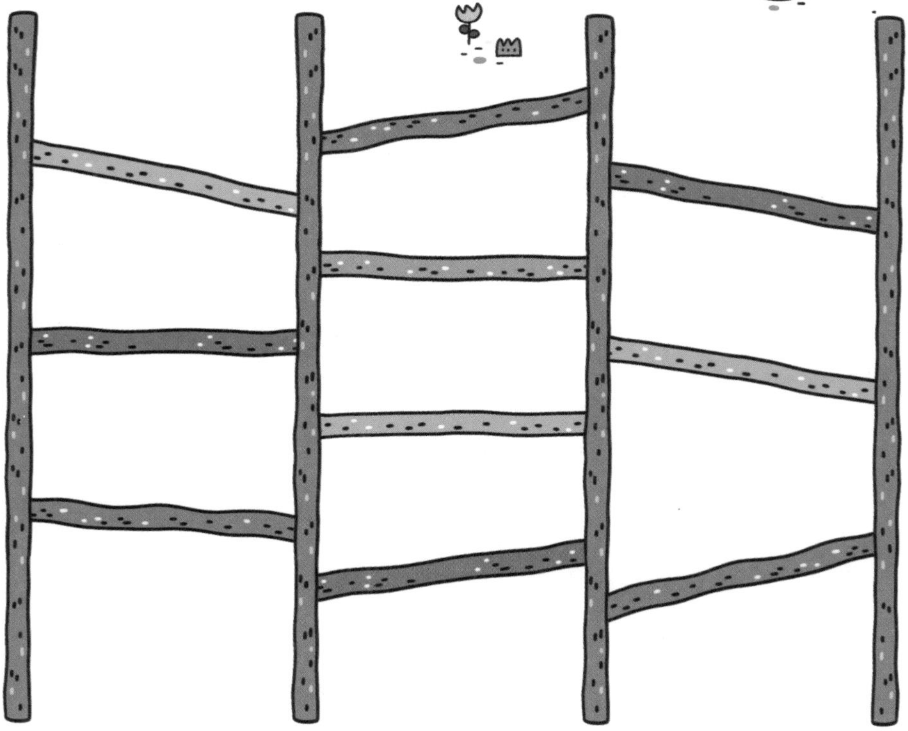

목숨이 달린 위험한 일에는 아무도 섣불리 나서지 않는 것처럼, 실행하기 어려운 일을 두고 의논만 한다는 말이에요.

자기는 더 큰 흉이 있으면서 도리어 남의 작은 잘못을 흉본다는 말이에요.

비슷한 속담 그슬린 돼지가 달아맨 돼지 타령한다

애써 하던 일이 실패로 돌아가거나 헛수고가 되어 맥이 빠진 모양을 비유하여 이르는 말이에요.

일이 이미 잘못된 후에는 손을 써도 소용이 없다는 뜻이에요.

비슷한 속담 도둑맞고 사립 고친다

❶~❹와 같은 뜻의 속담을 찾아 선으로 이어 완성하세요.

❶ 실행하기 어려운 일을 두고 의논만 한다는 말.

❷ 일이 이미 잘못된 후에는 손을 써도 소용이 없다는 뜻.

❸ 자기는 더 큰 흉이 있으면서 도리어 남의 작은 잘못을 흉본다는 말.

❹ 애써 하던 일이 실패로 돌아가거나 헛수고가 되어 맥이 빠진 모양을 비유하여 이르는 말.

선을 잇는 규칙
- ❶~❹의 뜻을 지닌 속담을 각각 찾아 번호(❶)를 쓰고 선을 이으세요.
- 한 번 이은 선은 중간에 끊을 수 없고, 다른 선을 넘어서 갈 수 없어요.
- 속담은 가로나 세로로 찾아갈 수 있으며, 대각선으로는 갈 수 없어요.

❶ 고 →	양	이	불	돌	다	시	데	소	잃	고	외
이	부	목	에	방	난	너	건	고	작	박	양
한	에	은	얇	울	는	말	반	기	이	고	간
질	채	에	집	달	라	은	닭	쫓	산	친	수
묻	콩	심	지	기	열	청	지	던	유	다	핥
다	똥	은	개	고	썩	다	이	개	지	걸	다
도	묻	는	겨	보	은	번	고	나	붕	쳐	기
두	은	들	가	안	어	찍	된	콩	가	다	밤
다	개	나	아	넘	흐	르	난	다	씨	보	낫
리	가	겨	묻	은	물	는	팔	말	이	듯	데
무	없	다	야	개	나	무	란	다	팔	심	은

낱말을 찾아 색칠하여 다음 상황에 알맞은 속담을 완성하세요.

집에서 조금 늦게 나왔더니 학원 버스 시간이 아슬아슬해서 열심히 뛰었어. 그런데 눈앞에서 버스가 떠나 버렸어.

열심히 뛰어갔는데 정말 허탈했겠다.

닭	삵	밀던	쫓던	개	곰	대문	지붕	올라가듯	쳐다보듯

언니가 선물로 받은 새 옷이 너무 예뻐. 내 마음에도 쏙 들어. 내일 언니 몰래 학교에 입고 가야지.

너희 언니는 너보다 일찍 일어나잖아. 그리고 언니가 이 사실을 알게 되면 엄청나게 화낼 텐데 괜찮겠어?

고양이	호랑이	귀에	목에	댕기	방울	달기	묶기

하진아, 수업 시간에 자고 있으면 어떡해. 어서 일어나.

선우야, 깨워 줘서 고마워. 그런데 너 지금 뭐 하는 거야? 혹시 수업 안 듣고 만화책 보고 있는 거야?

똥 묻은	똥 버린	개가	소가	겨 먹은	겨 묻은	개	말	나무란다	칭찬한다

시험을 봤는데 공부를 하나도 안 해서 10문제 중에 9문제나 틀렸어. 오늘은 밤을 새서 공부해야지.

이제 와서 밤을 새워서 공부를 하겠다고? 차라리 다음 시험을 천천히 준비하는 게 어때?

곰	말	소	얻고	잃고	마구간	외양간	고친다	닫는다

아래 열쇠를 보고 가로세로 퍼즐을 완성하세요.

가로 열쇠

- ㉠ 속담 자기는 더 큰 흉이 있으면서 도리어 남의 작은 잘못을 흉본다는 말. 초성 ㄸ ㅁㅇ ㄱㄱ ㄱ ㅁㅇ ㄱ ㄴㅁㄹㄷ
- 3 속담 일이 이미 잘못된 후에는 손을 써도 소용이 없다는 뜻. 초성 ㅅ ㅇㄱ ㅇㅇㄱ ㄱㅊㄷ
- 6 자기 자신의 이익만을 생각하는 마음.
- 8 돌로 만든 할아버지라는 뜻으로, 제주도에서 마을을 보호해 준다고 믿는, 돌로 만든 신.
- 9 피곤할 때에 몸을 쭉 펴고 팔다리를 뻗는 일.
- 10 잠을 자거나 누울 때에 머리를 괴는 물건.
- 11 음악적 감각이 무뎌 노랫소리를 제대로 내지 못하는 것. 또는 그런 사람. 예 그는 ○○(이)라서 노래를 못한다.
- 12 땅속 깊이 늘 흐르고 있는 물.

세로 열쇠

- 1 돈을 받고 남의 빨래나 다림질을 해 주는 가게.
- 2 속담 실행하기 어려운 일을 두고 의논만 한다는 말. 초성 ㄱㅇㅇ ㅁㅇ ㅂㅇ ㄷㄱ
- 4 애를 쓰고 수고하는 것. 예 ○○ 끝 행복 시작이야.
- 5 낚시나 그물 등으로 물고기를 잡는 일.
- ㉡ 속담 애써 하던 일이 실패로 돌아가거나 헛수고가 되어 맥이 빠진 모양을 비유하여 이르는 말. 초성 ㄷ ㅉㄷ ㄱ ㅈㅂ ㅊㄷㅂㄷ
- 7 심술이 매우 많은 사람. 예 ○○○○○ 내 동생.
- 8 어린아이가 태어난 날로부터 1년이 되는 날에 하는 잔치. 예 주말에 사촌 동생의 ○○○을/를 했다.
- 11 마실 수 있는 물이나 액체.

10 일차

생활 모습과 관련된 속담

공부한 날 월 일

정답 보기

• 미니북 40~43쪽

빈칸에 들어갈 낱말을 골라 ○표를 하고, 속담을 완성하세요.

가는 날이 [ ][ ]

어떤 일을 하려고 하는데 뜻하지 않은 일과 우연히 마주치게 됨을 비유하여 이르는 말이에요.

비슷한 속담 가는 날이 생일

봄날 설날 장날

떡 본 김에 [ ][ ] 지낸다

좋은 기회가 왔을 때 한꺼번에 일을 해낸다는 뜻으로, 우연히 운 좋은 기회에 하려던 다른 일을 해치운다는 말이에요.

비슷한 속담 소매 긴 김에 춤춘다

생일 인사 제사

불난 집에 [ ][ ][ ] 한다

다른 사람이 어려움을 겪을 때 눈치 없는 말이나 행동을 하여 더욱 화나게 하거나, 남의 재앙을 점점 더 크게 만들 때 하는 말이에요.

도둑질 부채질 채찍질

공든 [ ]이 무너지랴

온 힘과 정성을 다한 일은 그 결과가 반드시 헛되지 아니함을 비유하여 이르는 말이에요.

성 절 탑

비밀이 숨겨져 있는 쪽지를 해독하여 어떤 속담인지 쓰세요.

다 낸 지 사 제 에 김 본 떡

❶ ____________________

우연히 운 좋은 기회에 하려던 다른 일을 해치운다는 말.

ㄱㄴ ㄴㅇ ㅈㄴ

❷ ____________________

어떤 일을 하려고 하는데 뜻하지 않은 일과 우연히 마주치게 됨을 비유하여 이르는 말.

공 무 탑 든 이 랴 너 지

❸ ____________________

온 힘과 정성을 다한 일은 그 결과가 반드시 헛되지 아니함을 비유하여 이르는 말.

❹ ____________________

다른 사람이 어려움을 겪을 때 더욱 화나게 하거나, 남의 재앙을 점점 더 크게 만들 때 하는 말.

속담을 알맞게 활용하였는지 판단하여 도착점의 기호를 쓰세요.

❶ 공든 탑은 무너지지 않아. 열심히 노력하면 분명히 좋은 결과가 있을 거야.

❷ 나 지금 기분이 별로 안 좋아. 약 올리는 말로 불난 집에 부채질하지 말아 줘.

❸ 가는 날이 장날이라고 우유를 사러 편의점에 갔는데 하나를 사면 하나를 더 주는 행사를 하더라고.

❹ 동생이 쓸 독서 기록장을 사려고 동생이랑 문구점에 갔다 왔어. 떡 본 김에 제사 지낸다고 내 준비물도 같이 사 왔어.

❺ 주말에 가족과 함께 놀이동산을 가려고 했거든. 놀이 기구를 탈 생각에 잔뜩 기대하고 있었는데, 가는 날이 장날이라고 비가 와서 결국 못 갔어.

칸을 이동하는 규칙

- ❶~❺의 번호 순서대로 속담을 활용한 예시를 확인하면서 이동해요.
- **속담을 알맞게 활용하였으면:** 오른쪽(→)으로 한 칸 이동해요.
- **속담을 알맞게 활용하지 못하였으면:** 아래쪽(↓)으로 한 칸 이동해요.

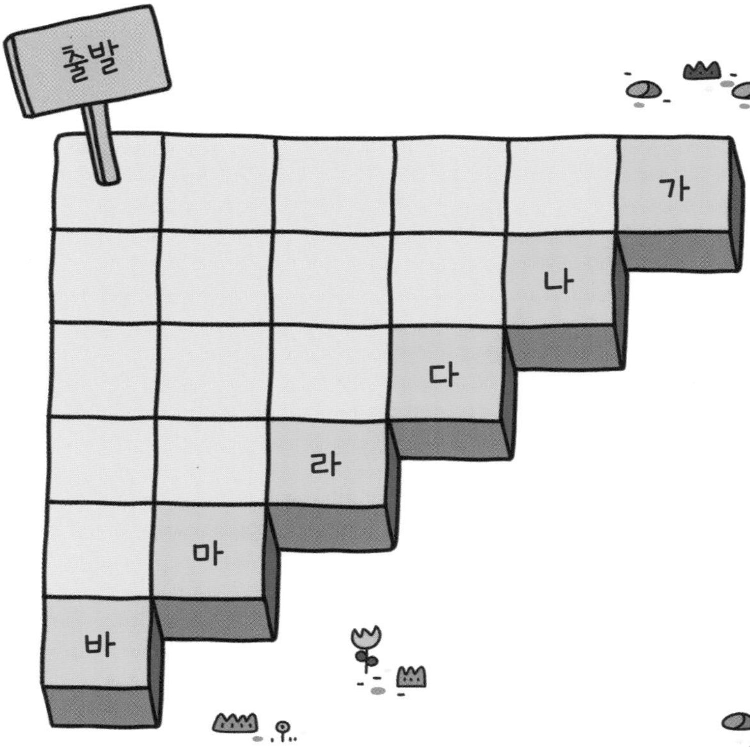

도착점의 기호는?

아래 열쇠를 보고 가로세로 퍼즐을 완성하세요.

연두색 칸에는
오늘 배운 속담이
들어가요.

가로 열쇠

1 속담 어떤 일을 하려고 하는데 뜻하지 않은 일과 우연히 마주치게 됨을 비유하여 이르는 말. 초성 ㄱㄴ ㄴㅇ ㅈㄴ

2 둘 이상 사이에서 서로 비슷하거나 같은 점.

3 초승달 모양의 긴 타원형으로 껍질의 색깔이 노랗고 맛과 향기가 좋은 열대 과일.

5 이른 봄에 꽃이 필 무렵의 추위.

6 개똥벌레라고도 불리며, 배의 끝에 빛을 내는 기관이 있어 밤에 반짝이며 날아다니는 곤충.

8 속담 우연히 운 좋은 기회에 하려던 다른 일을 해치운다는 말. 초성 ㄸ ㅂ ㄱㅇ ㅈㅅ ㅈㄴㄷ

10 보석 등을 줄에 꿰어 목에 거는 장신구.

11 끼니 외에 맛이나 재미로 과일, 과자 등의 음식을 먹는 일.

세로 열쇠

1 여럿이 각각 두 손가락, 주먹, 또는 편 손바닥의 다른 손 모양을 내밀어 순서나 승부를 정하는 방법.

2 속담 온 힘과 정성을 다한 일은 그 결과가 반드시 헛되지 아니함을 이르는 말. 초성 ㄱㄷ ㅌㅇ ㅁㄴㅈㄹ

4 자석으로 된 바늘이 움직이면서 남과 북을 가리켜, 방향을 알려 주는 도구. 예 ○○○ 바늘이 북쪽을 가리켰다.

7 속담 다른 사람이 어려움을 겪을 때 더욱 화나게 하거나, 남의 재앙을 점점 더 크게 만들 때 하는 말. 초성 ㅂㄴ ㅈㅇ ㅂㅊㅈㅎㄷ

8 가래떡을 적당한 크기로 잘라 여러 가지 채소를 넣고, 주로 고추장 · 간장의 양념을 하여 볶은 음식.

9 교훈이나 유래를 담고 있는, 한자 네 자로 이루어진 성어.

11 일차

생활 모습과 관련된 속담

공부한날 월 일

정답 보기

• 미니북 44~47쪽

알맞은 퍼즐 조각을 골라 빈칸에 쓰고, 속담을 완성하세요.

낙이 천 리 세 살 태산

고생 끝에 ( ) 온다

어려운 일이나 고된 일을 겪은 뒤에는 반드시 즐겁고 좋은 일이 생긴다는 뜻이에요.

비슷한 속담 태산을 넘으면 평지를 본다

( ) 적 버릇이 여든까지 간다

어릴 때 몸에 밴 버릇은 늙어서도 쉽게 고치기 어렵다는 뜻으로, 어릴 때부터 나쁜 버릇이 들지 않도록 잘 가르쳐야 함을 비유하여 이르는 말이에요.

( ) 길도 한걸음부터

무언가를 이루려면 작은 것부터 하나하나 시작하는 것이 중요하다는 말로, 무슨 일이든 그 일의 시작이 중요하다는 뜻이에요.

티끌 모아 ( )

아무리 작은 것이라도 모이고 모이면 나중에 큰 것이 됨을 비유하여 이르는 말이에요.

비슷한 속담 모래알도 모으면 산이 된다

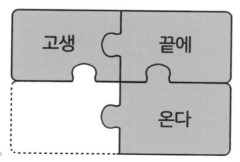

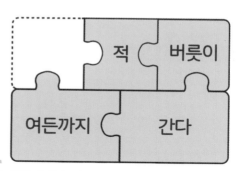

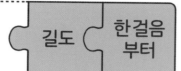

빈칸에 들어갈 알맞은 말을 낱말판에서 모두 찾아 색칠하세요. 색칠했을 때 나타나는 모양을 ❶~❹ 중에서 골라 ○표를 하세요.

'천 리 길도 한 걸음부터'는 무슨 일이든 그 일의 ○○이 중요하다는 뜻이다.

'세 살 적 버릇이 여든까지 간다'는 어릴 때 몸에 밴 버릇은 늙어서도 쉽게 고치기 ○○○는 뜻이다.

'티끌 모아 태산'은 아무리 ○○ 것이라도 모이고 모이면 나중에 큰 것이 됨을 비유하여 이르는 말이다.

'고생 끝에 낙이 온다'는 어려운 일이나 고된 일을 겪은 뒤에는 반드시 즐겁고 ○○ 일이 생긴다는 뜻이다.

낱말판

거친	걸음	과정	나쁜
다른	슬픈	시작	아닌
원인	작은	좋은	짧은
괜찮다	어렵다	편하다	해롭다

❶
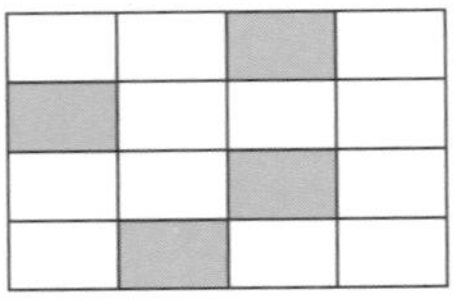

❷
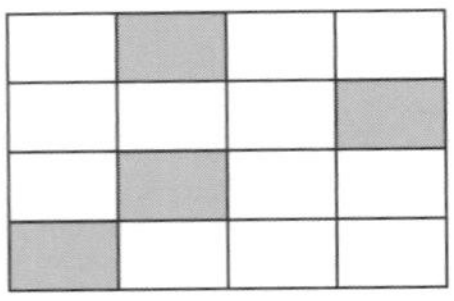

❸
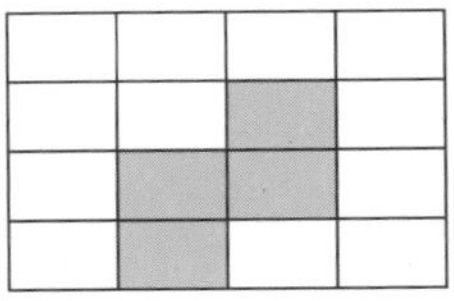

❹
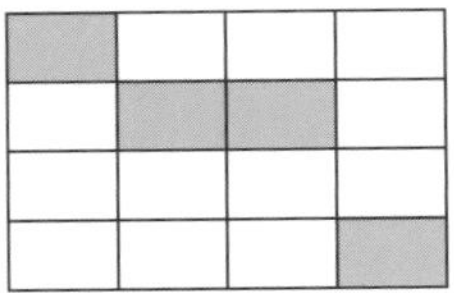

낱말을 찾아 색칠하여 다음 상황에 알맞은 속담을 완성하세요.

다음 달에 있을 교내 독서 골든벨에서 꼭 우승하고 싶다. 그래서 내일부터는 학교에서 쉬는 시간에도 10분씩 책을 읽기로 결심했다. 10분씩 여섯 번만 읽어도 1시간이니까!

시간	자갈	티끌	끌어	모아	광산	앞산	태산

오늘은 우리 집 대청소 날! 나는 지저분하던 내 방을 치우고, 현관의 신발도 가지런히 정리했다. 아빠를 도와 쓰레기 분리수거까지 마치고 나니 엄마가 30분 동안 게임을 해도 된다고 허락해 주셨다.

고생	노력	끝에	전에	낙이	덕이	간다	온다

어제부터 서율이가 다니는 태권도장에 다니게 되었다. 서율이는 이미 검은 띠인데 태권도를 처음 시작한 나는 흰 띠이다. 나도 열심히 하면 언젠가는 검은 띠를 딸 수 있겠지?

십 리	천 리	길도	산도	끝	한	걸음부터	시간부터

우리 할머니께서는 매일매일 일기를 쓰신다. 학창 시절부터 지금까지 오랜 기간 동안 써 오셨다고 한다. 일기를 쓰면 시간이 지나도 예전 일을 잘 기억할 수 있어서 좋다고 하셨다.

세 살	한 살	때	적	버릇이	생각이	여든까지	열 살까지	간다

아래 열쇠를 보고 가로세로 퍼즐을 완성하세요.

연두색 칸에는
오늘 배운 속담이
들어가요.

가로 열쇠

1 속담 무슨 일이든 그 일의 시작이 중요하다는 뜻.
초성 ㅊ ㄹ ㄱㄷ ㅎ ㄱㅇㅂㅌ

3 장이 서는 날. 예 가는 날이 ○○.

5 약물을 몸 안의 조직이나 혈관에 넣는 데 사용하는 의료 기구. 예 간호사가 ○○○(으)로 피를 뽑았다.

㉠ 속담 어릴 때 몸에 밴 버릇은 늙어서도 쉽게 고치기 어렵다는 뜻. 초성 ㅅ ㅅ ㅈ ㅂㄹㅇ ㅇㄷㄲㅈ ㄱㄷ

7 물질적이거나 시간적으로 넉넉한 상태.

8 비가 그친 뒤 태양의 반대쪽에서 나타나는, 반원 모양의 일곱 가지 색깔의 빛의 줄기.

9 물체의 온도를 재는 기구.

11 비가 많이 내려 산에서 돌과 흙이 무너져 내리는 것.

세로 열쇠

1 우주에 있는 별 등의 물체를 관측하고 연구하는 곳.

2 매년 10월 9일로, 세종대왕이 한글을 만들어 세상에 펴낸 것을 기념하는 날.

3 한 개인이나 집단이 가장 잘하는 기술이나 재주. 예 나는 교내 ○○ 자랑 대회에서 노래를 불렀다.

4 속담 어려운 일이나 고된 일을 겪은 뒤에는 반드시 즐겁고 좋은 일이 생긴다는 뜻.
초성 ㄱㅅ ㄲㅇ ㄴㅇ ㅇㄷ

5 얼굴 피부가 늙어서 생긴 잘게 그은 줄.

6 속담 아무리 작은 것이라도 모이고 모이면 나중에 큰 것이 됨을 비유하여 이르는 말. 초성 ㅌㄲ ㅁㅇ ㅌㅅ

10 수를 셈함. 예 ○○이/가 맞는지 검산해 보았다.

12 일차 생활 모습과 관련된 속담

공부한날 월 일

정답 보기

● 미니북 48~51쪽

다음 속담의 뜻을 사다리를 타고 내려가 확인하세요.

하나를 보고 열을 안다

백 번 듣는 것이 한 번 보는 것만 못하다

쇠귀에 경 읽기

서당 개 삼 년에 풍월을 읊는다

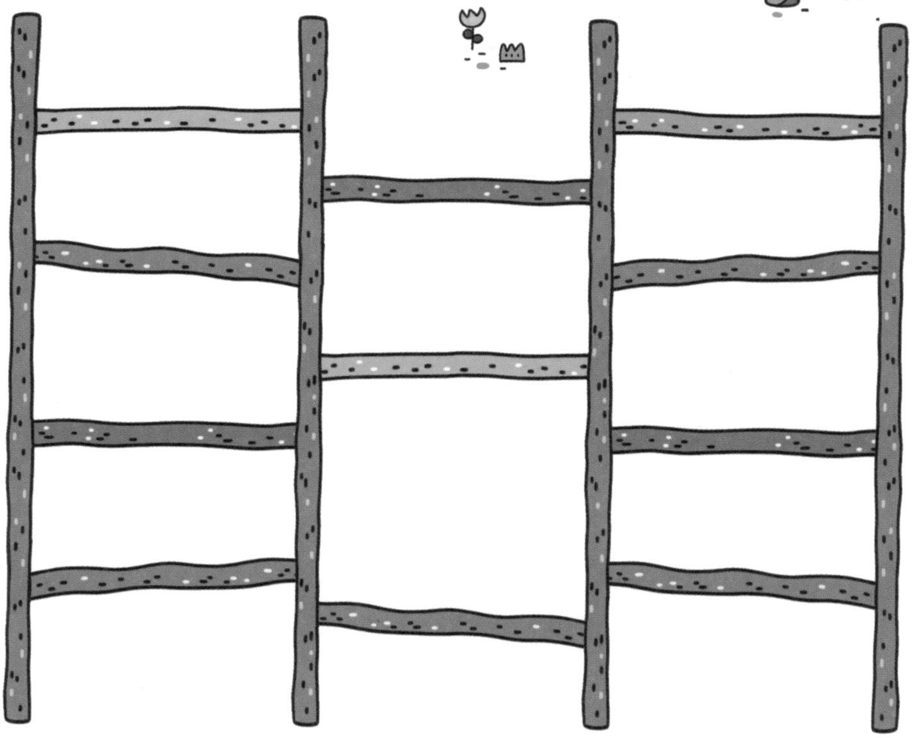

아는 것이 없는 사람도 한 분야에 오래 있으면 자연스럽게 지식과 경험이 쌓이게 된다는 말이에요.

여러 번 말로 듣기만 하는 것보다 직접 눈으로 보는 것이 확실하다는 말이에요.

비슷한 속담 백문이 불여일견

아무리 가르치고 일러 주어도 그것에 관심이 없거나 둔한 사람은 전혀 알아듣지 못함을 뜻하는 말이에요.

비슷한 속담 말 귀에 염불

일부만 보고도 전체를 미루어 짐작할 수 있다는 뜻이에요.

주어진 속담의 뜻을 보고 이에 알맞은 속담을 게시판의 카드를 한 번씩만 사용하여 쓰세요.

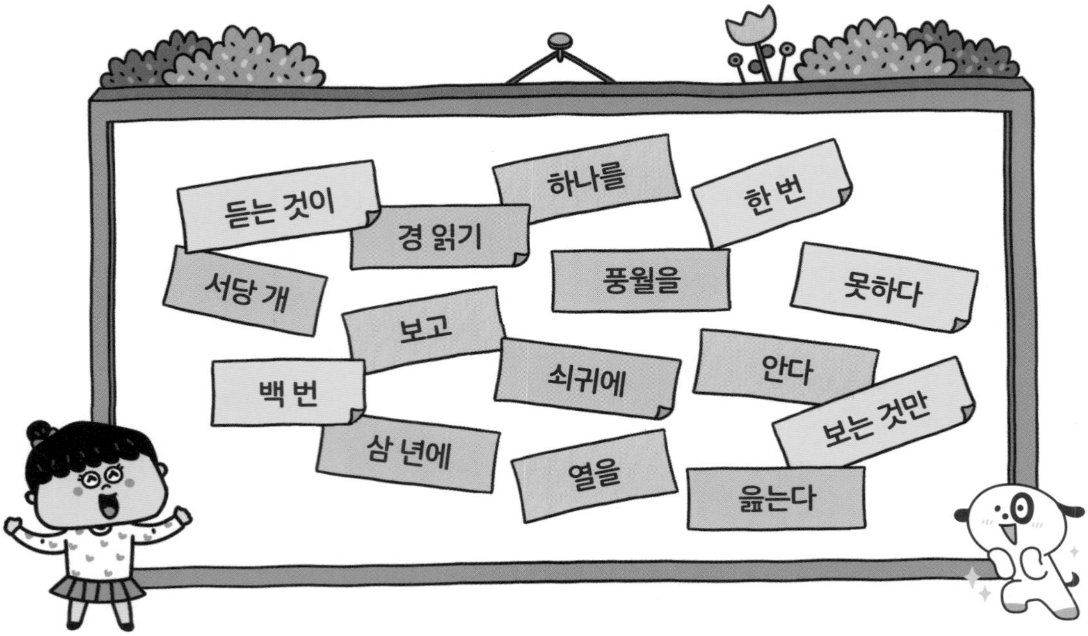

❶ 일부만 보고도 전체를 미루어 짐작할 수 있다는 뜻.

➡ ______________________________

❷ 여러 번 말로 듣기만 하는 것보다 직접 눈으로 보는 것이 확실하다는 말.

➡ ______________________________

❸ 아는 것이 없는 사람도 한 분야에 오래 있으면 자연스럽게 지식과 경험이 쌓이게 된다는 말.

➡ ______________________________

❹ 아무리 가르치고 일러 주어도 그것에 관심이 없거나 둔한 사람은 전혀 알아듣지 못함을 뜻하는 말.

➡ ______________________________

각각의 상황과 관련된 속담을 말한 친구가 그 땅을 차지할 수 있어요. 다음 중 가장 많은 땅을 차지하게 될 친구에게 ○표를 하세요.

쇠귀에 경 읽기
하나를 보고 열을 안다
서당 개 삼 년에 풍월을 읊는다
백 번 듣는 것이 한 번 보는 것만 못하다

내 동생은 한글을 따로 배우지 않았는데 내가 책 읽는 모습을 옆에서 보고는 어느 날부터 한글을 조금씩 읽더라고.	나한테 빌려 간 물건은 제자리에 놓아 달라고 형에게 늘 얘기하거든. 그런데 오늘도 다른 곳에서 겨우 찾았지 뭐야.	아빠가 요리 프로그램을 좋아하셔서 주말마다 같이 봤더니 나도 쉬운 요리 정도는 혼자 할 수 있게 되었어.
선생님이 쉬는 시간에 복도에서 뛰지 말라고 몇 번이나 말씀하셨는데 장난꾸러기 남자 아이들은 맨날 뛰어다녀.	이렇게 정성스럽게 포장되어 있는 선물은 처음 받아 봐. 포장만 봐도 얼마나 신경 써서 준비했는지 보인다. 고마워.	지도에서 부산이 어디에 있는지 매번 헷갈렸었는데 가족 여행으로 부산을 다녀오고 나니 이제 확실히 알게 되었어.
아까 보니 3반은 정말 하나가 되어 열심히 응원하고 있더라. 이번 체육 대회 때 단합상은 왠지 3반이 받을 것 같아.	선빈이는 새 학기 첫날부터 쉬는 시간마다 책을 엄청 열심히 읽더라고. 왠지 공부도 잘할 것 같아.	책에서 봤을 때는 석굴암이 얼마나 큰지 잘 못 느꼈었거든. 그런데 이번에 직접 가서 보니까 진짜 크고 웅장하더라.

아래 열쇠를 보고 가로세로 퍼즐을 완성하세요.

연두색 칸에는
오늘 배운 속담이
들어가요.

가로 열쇠

㉠ 속담 아는 것이 없는 사람도 한 분야에 오래 있으면 자연스럽게 지식과 경험이 쌓이게 된다는 말.
초성 ㅅㄷ ㄱ ㅅ ㄴㅇ ㅍㅇㅇ ㅇㄴㄷ

3 곤충의 애벌레가 성충으로 되는 과정 중에 한동안 굳은 껍질 속에 가만히 들어 있는 몸.

5 산, 들, 바다와 같은 땅의 생김새와 날씨에 영향을 주는 눈, 비, 기온 등을 말함.

6 높은 학년. 흔히 초등학교 5~6학년을 뜻함.

7 가을에 들에서 흔히 볼 수 있는, 몸이 붉은 잠자리.

8 귀, 코, 목구멍의 병을 전문적으로 치료하는 의학 분야.

10 어린아이를 재우기 위하여 부르는 노래.

12 도로나 계곡 등을 건너 다니도록 공중에 놓은 다리.

세로 열쇠

1 속담 아무리 가르치고 일러 주어도 전혀 알아듣지 못함을 뜻하는 말. 초성 ㅅㄱㅇ ㄱ ㅇㄱ

2 속담 일부만 보고도 전체를 미루어 짐작할 수 있다는 뜻. 초성 ㅎㄴㄹ ㅂㄱ ㅇㅇ ㅇㄷ

㉡ 속담 여러 번 말로 듣기만 하는 것보다 직접 눈으로 보는 것이 확실하다는 말.
초성 ㅂ ㅂ ㄷㄴ ㄱㅇ ㅎ ㅂ ㅂㄴ ㄱㅁ ㅁㅎㄷ

4 기사를 찾거나 얻어서 쓰거나 편집하는 사람.

6 긴 쇠붙이나 줄 같은 것을 둥글게 이어서 만든 물건.

9 밀가루나 쌀가루 등에 설탕, 우유 등을 섞어 굽거나 기름에 튀겨서 만든 군것질 음식.

11 집안 살림에 쓰는 옷장, 책상, 의자와 같이 큰 기구.

13 일차

생활 모습과 관련된 속담

공부한 날 월 일

정답 보기

● 미니북 52~55쪽

빈칸에 들어갈 낱말을 골라 ○표를 하고, 속담을 완성하세요.

참새가 □□□을 그저 지나랴

자기가 좋아하거나 자기에게 이익이 되는 것을 그냥 지나치지 못함을 비유하여 이르는 말이에요.

| 마 | 구 | 간 | | 방 | 앗 | 간 | | 외 | 양 | 간 |

□□□도 두들겨 보고 건너라

잘 아는 일이라도 꼼꼼하게 주의를 기울이라는 뜻이에요.

비슷한 속담 아는 길도 물어 가랬다

| 돌 | 다 | 리 | | 돌 | 부 | 리 | | 흙 | 다 | 리 |

□□ 안 개구리

넓은 세상을 알지 못하거나, 자기가 보고 들은 것이 전부라고 생각하는 사람을 뜻하는 말이에요.

| 마 | 당 | | 연 | 못 | | 우 | 물 |

아니 땐 굴뚝에 □□ 날까

모든 일에는 그에 대한 원인이 있다는 말로, 원인이 없으면 결과도 없다는 뜻이에요.

비슷한 속담 뿌리 없는 나무에 잎이 필까

| 구 | 멍 | | 소 | 리 | | 연 | 기 |

❶~❹와 같은 뜻의 속담을 찾아 선으로 이어 완성하세요.

❶ 원인이 없으면 결과도 없다는 뜻.
❷ 잘 아는 일이라도 꼼꼼하게 주의를 기울이라는 뜻.
❸ 넓은 세상을 알지 못하거나, 자기가 보고 들은 것이 전부라고 생각하는 사람을 뜻하는 말.
❹ 자기가 좋아하거나 자기에게 이익이 되는 것을 그냥 지나치지 못함을 비유하여 이르는 말.

선을 잇는 규칙
- ❶~❹의 뜻을 지닌 속담을 각각 찾아 번호(❶)를 쓰고 선을 이으세요.
- 한 번 이은 선은 중간에 끊을 수 없고, 다른 선을 넘어서 갈 수 없어요.
- 속담은 가로나 세로로 찾아갈 수 있으며, 대각선으로는 갈 수 없어요.

❶아	우	없	다	돌	다	리	도	두	들	겨	하
니	피	운	불	튼	시	를	그	드	기	보	면
땐	굴	뚝	에	튼	는	건	냥	리	건	고	낙
불	소	리	연	한	부	너	지	면	너	부	이
에	냄	새	기	다	리	러	나	좋	라	채	올
난	안	가	날	까	는	면	칠	수	있	질	까
다	참	는	자	에	게	복	이	숭	우	한	다
그	새	따	라	강	남	간	있	늪	물	안	개
물	가	방	앗	간	을	다	네	찾	속	이	구
에	기	러	기	걸	그	치	만	기	에	끼	리
걸	린	토	끼	려	저	지	나	랴	올	챙	이

상황에 맞게 속담을 활용하였는지 판단하고, 길을 따라가서 받게 될 선물에 ○표를 하세요.

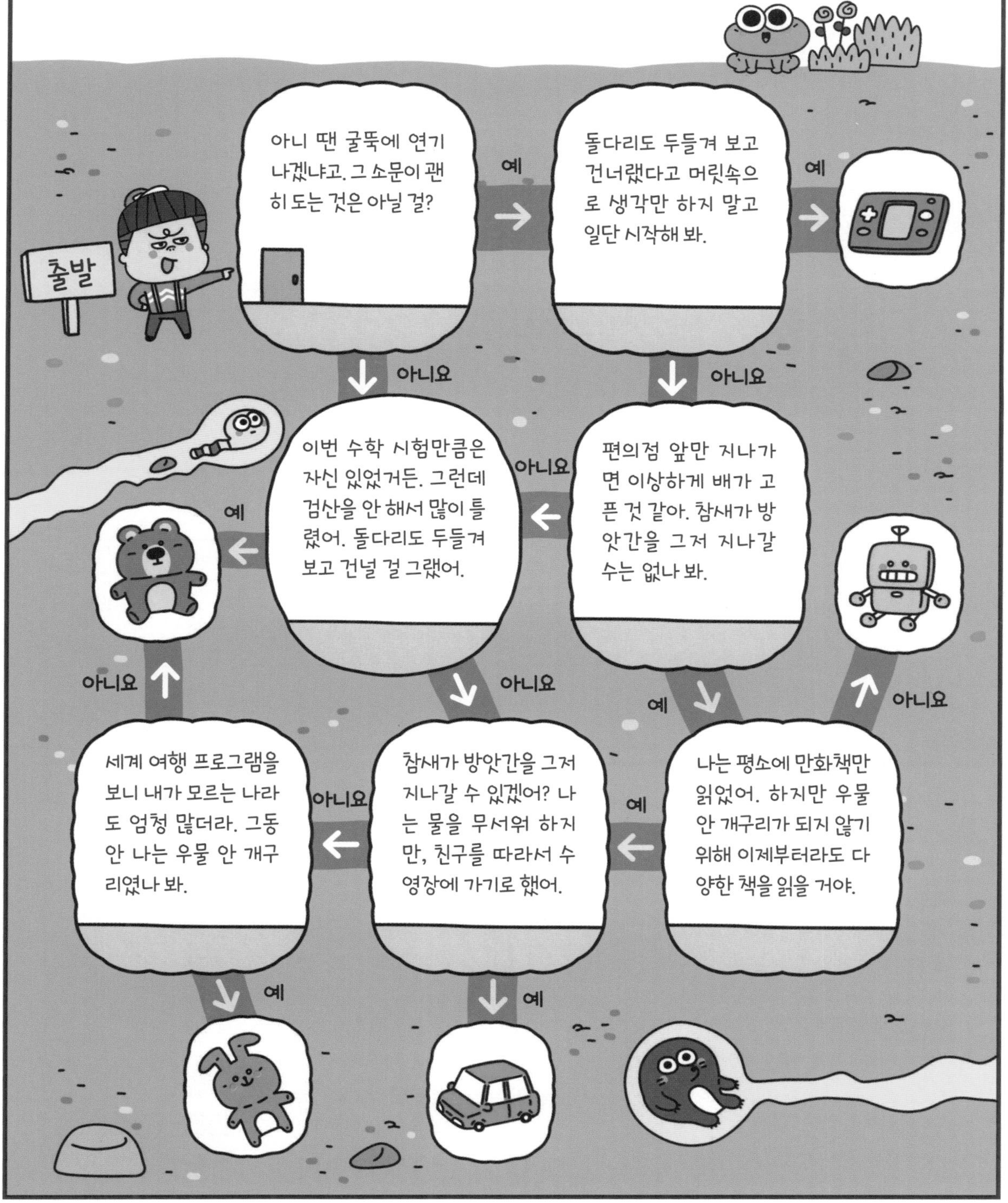

아래 열쇠를 보고 가로세로 퍼즐을 완성하세요.

연두색 칸에는
오늘 배운 속담이
들어가요.

가로 열쇠

1 돌덩이보다 작은, 손에 쥘 수 있을 만한 크기의 돌.

㉠ 속담 자기가 좋아하거나 자기에게 이익이 되는 것을 그냥 지나치지 못함을 비유하여 이르는 말.

초성 ㅊㅅㄱ ㅂㅇㄱㅇ ㄱㅈ ㅈㄴㄹ

5 새나 곤충의 몸 양쪽에 붙어서 날 때 쓰는 기관.

7 속담 넓은 세상을 알지 못하거나, 자기가 보고 들은 것이 전부라고 생각하는 사람을 뜻하는 말.

초성 ㅇㅁ ㅇ ㄱㄱㄹ

9 음식을 먹고 난 뒤 그릇을 씻어 정리하는 일.

10 태어난 지 얼마 안 된 아이.

11 말하거나 웃을 때에 볼에 오목하게 들어가는 자국.

14 자연적으로 생긴 깊고 넓은 큰 굴.

세로 열쇠

1 속담 잘 아는 일이라도 꼼꼼하게 주의를 기울이라는 뜻. 초성 ㄷㄷㄹㄷ ㄷㄷㄱ ㅂㄱ ㄱㄴㄹ

2 어떤 일이 있은 그다음의 날.

3 곡식이나 채소 등의 씨.

4 무엇의 둘레나 끝에 해당되는 부분.

6 개울에 흐르는 물. 예 ○○○에 발을 담갔다.

8 지나치게 짓궂게 장난을 하는 아이.

9 음력 1월 1일로, 우리나라 명절 중 하나.

㉡ 속담 원인이 없으면 결과도 없다는 뜻.

초성 ㅇㄴ ㄸ ㄱㄸㅇ ㅇㄱ ㄴㄲ

12 학교에서 방학이 끝나고 다시 수업을 시작함.

13 양력 5월 8일로, 어버이의 은혜를 기리는 날.

인간관계와 관련된 속담

공부한날 월 일

정답 보기

● 미니북 56~59쪽

알맞은 퍼즐 조각을 골라 빈칸에 쓰고, 속담을 완성하세요.

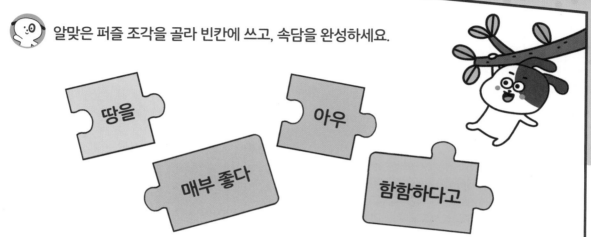

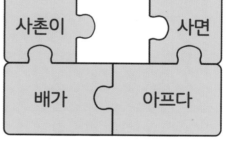

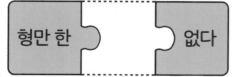

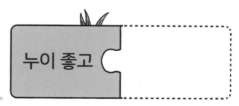

땅을 / 아우 / 매부 좋다 / 함함하다고

고슴도치도 제 새끼는 (　　) 한다

털이 바늘같이 꼿꼿한 고슴도치도 자기 새끼의 털은 부드럽다고 쓰다듬듯이, 어느 부모든 자기 자식은 다 잘나고 귀여워 보인다는 뜻이에요.

사촌이 (　　) 사면 배가 아프다

사촌이 땅을 사면 샘이 나서 멀쩡하던 배가 아프다는 말로, 남이 잘되는 것을 기뻐해 주지는 않고 오히려 질투하고 시기한다는 뜻이에요.

형만 한 (　　) 없다

먼저 태어난 형이 동생보다 지식이나 경험이 많은 만큼 모든 일에 있어 형이 아우보다는 모범이 되고 낫다는 말이에요.

누이 좋고 (　　)

누이에게 좋은 일이라면 누이의 남편인 매부에게도 좋다는 말로, 어떤 일이 양쪽 모두에게 다 이롭고 좋다는 뜻이에요.

빈칸에 들어갈 알맞은 말을 낱말판에서 모두 찾아 색칠하세요. 색칠했을 때 나타나는 모양을 ❶~❹ 중에서 골라 ○표를 하세요.

'누이 좋고 매부 좋다'는 어떤 일이 양쪽 모두에게 다 이롭고 ○○는 뜻이다.

'고슴도치도 제 새끼는 함함하다고 한다'는 어느 부모든 자기 ○○은 다 잘나고 귀여워 보인다는 뜻이다.

'사촌이 땅을 사면 배가 아프다'는 남이 잘되는 것을 기뻐해 주지는 않고 오히려 ○○○○ 시기한다는 뜻이다.

'형만 한 아우 없다'는 형이 동생보다 지식이나 ○○이 많은 만큼 모든 일에 있어 형이 아우보다는 모범이 되고 낫다는 말이다.

낱말판

경험	동생	많다	모험
시험	싫다	용돈	자식
잘못	적다	좋다	친척
질겁하고	질문하고	질색하고	질투하고

❶
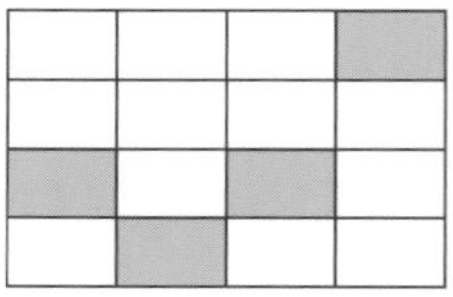

❷
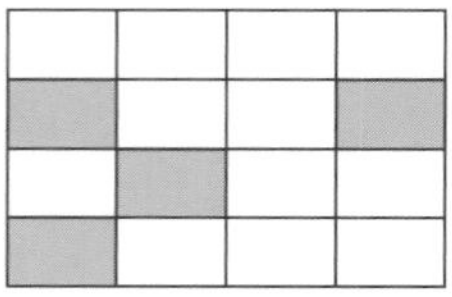

❸
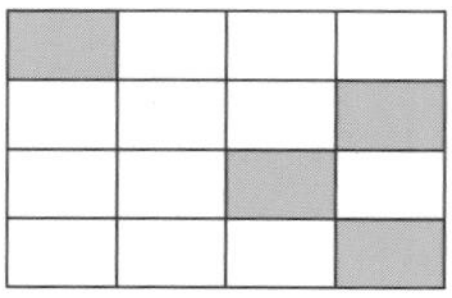

❹
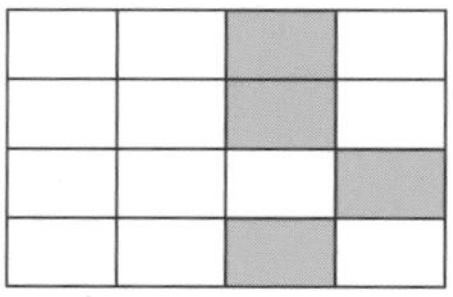

낱말을 찾아 색칠하여 다음 상황에 알맞은 속담을 완성하세요.

누나도 도형을 처음 배울 때 어려웠어?
아무리 고민을 해도 답을 모르겠어.

이제 도형 배우기 시작했구나.
어떤 문제야? 누나가 알려 줄게.

동생만 한	친구만 한	형만 한	누이	아우	팔자	없다	있다

이번 달 급식 우수반은 옆 반인 1반이래. 우리 반이 줄도
더 잘 서고, 음식도 거의 남기지 않은 것 같은데…….

그러게, 우리 반이 더 잘한 것 같은데
왠지 억울하네.

사촌이	이웃이	땅을	집을	사면	팔면	머리가	배가	부르다	아프다

우리 형은 퍽퍽한 닭 가슴살을 좋아하고,
나는 부드러운 닭 다리 살을 좋아해.

오, 그럼 치킨 먹을 때 서로 좋아하는 부위만
골라 먹을 수 있겠다. 정말 좋겠는 걸.

누이	동생	형	싫고	좋고	놀부	매부	흥부	싫다	좋다

엄마, 아까 보내드린 동영상 보셨어요? 학예회 때
장기 자랑 했던 거예요. 그런데 저만 실수를 많이 했어요.

아니야, 엄마가 볼 때는 우리 민하가
최고로 잘했단다.

고슴도치도	토끼도	제 똥은	제 새끼는	얄밉다고	함함하다고	본다	한다

아래 열쇠를 보고 가로세로 퍼즐을 완성하세요.

연두색 칸에는
오늘 배운 속담이
들어가요.

가로 열쇠

- ㉠ 속담 어느 부모든 자기 자식은 다 잘나고 귀여워 보인다는 뜻. 초성 ㄱㅅㄷㅊㄷ ㅈ ㅅㄲㄴ ㅎㅎㅎㄷㄱ ㅎㄷ
- 3 밥을 지은 솥이나 냄비 바닥에 눌어붙은 밥.
- 4 백만의 몇 배가 되는 수. 예 ○○○에 달하는 인구.
- 5 가까이 있거나 접하여 있는 집.
- 6 중학교를 졸업한 사람에게 고등 교육을 하는, 중학교와 대학교 사이에 있는 학교.
- 8 자기를 낳아 준 남자를 이르거나 부르는 말.
- 10 공공시설에서 개인의 물품을 넣어 두는 함.
- 11 자기의 잘못을 인정하고 용서를 구함.
- 12 이모의 남편을 이르거나 부르는 말.
- 13 한복의 윗옷 중 하나로, 동정 · 고름 등이 갖추어져 있음.

세로 열쇠

- 1 그림을 그리는 데 쓰는 종이.
- ㉡ 속담 남이 잘되는 것을 기뻐해 주지는 않고 오히려 시기한다는 뜻. 초성 ㅅㅊㅇ ㄸㅇ ㅅㅁ ㅂㄱ ㅇㅍㄷ
- 2 속담 모든 일에 있어 형이 아우보다는 모범이 되고 낫다는 말. 초성 ㅎㅁ ㅎ ㅇㅇ ㅇㄷ
- 3 속담 어떤 일이 양쪽 모두에게 다 이롭고 좋다는 뜻. 초성 ㄴㅇ ㅈㄱ ㅁㅂ ㅈㄷ
- 4 취미나 연구를 위하여 어떤 물건이나 자료 등을 찾아 모음. 예 발표를 위한 자료를 ○○ 중이다.
- 7 일정한 자격을 가지고 유치원 · 학교 등에서 학생을 가르치거나 돌보는 사람.
- 9 글을 지은 사람. 예 이 책의 ○○○이/가 누구지?

15 일차

인간관계와 관련된 속담

공부한 날 월 일

정답 보기

• 미니북 60~63쪽

빈칸에 들어갈 낱말을 골라 ○표를 하고, 속담을 완성하세요.

친구 따라 □□ 간다

친구가 가는 곳이면 먼 곳이라고 해도 무작정 따라간다는 뜻으로, 자신은 하고 싶지 않으나 남에게 이끌려 덩달아 하게 될 때 쓰는 말이에요.

강남 고향 서울

□□도 제짝이 있다

흔하고 보잘것없는 신발도 짝이 있다는 말로, 사람도 누구나 자신에게 어울리는 짝이 있다는 뜻이에요.

비슷한 속담 헌 고리도 짝이 있다

버선 양말 짚신

남의 손의 □은 커 보인다

내 것보다 남의 것이 더 좋아 보이고, 내 일보다 남의 일이 더 쉬워 보임을 비유하여 이르는 말이에요.

비슷한 속담 남의 밥에 든 콩이 굵어 보인다

떡 밥 빵

먼 사촌보다 가까운 □□이 낫다

이웃끼리 서로 친하게 지내다 보면 먼 곳에 있는 친척보다 더 가깝게 되어 서로 도우며 살게 된다는 뜻이에요.

삼촌 오촌 이웃

❶~❹와 같은 뜻의 속담을 찾아 선으로 이어 완성하세요.

❶ 누구나 자신에게 어울리는 짝이 있다는 뜻.

❷ 자신은 하고 싶지 않으나 남에게 이끌려 덩달아 하게 될 때 쓰는 말.

❸ 내 것보다 남의 것이 더 좋아 보이고, 내 일보다 남의 일이 더 쉬워 보임을 이르는 말.

❹ 이웃끼리 서로 친하게 지내다 보면 먼 곳에 있는 친척보다 더 가깝게 되어 서로 도우며 살게 된다는 뜻.

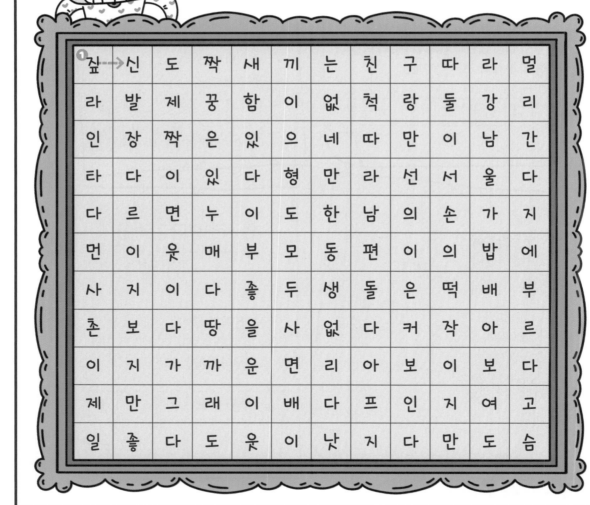

선을 잇는 규칙
- ❶~❹의 뜻을 지닌 속담을 각각 찾아 번호(❶)를 쓰고 선을 이으세요.
- 한 번 이은 선은 중간에 끊을 수 없고, 다른 선을 넘어서 갈 수 없어요.
- 속담은 가로나 세로로 찾아갈 수 있으며, 대각선으로는 갈 수 없어요.

❶ 짚 →	신	도	짝	새	끼	는	친	구	따	라	멀
라	발	제	꿍	함	이	없	척	랑	둘	강	리
인	장	짝	은	있	으	네	따	만	이	남	간
타	다	이	있	다	형	만	라	선	서	울	다
다	르	면	누	이	도	한	남	의	손	가	지
먼	이	웃	매	부	모	동	편	이	의	밥	에
사	지	이	다	좋	두	생	돌	은	떡	배	부
촌	보	다	땅	을	사	없	다	커	작	아	르
이	지	가	까	운	면	리	아	보	이	보	다
제	만	그	래	이	배	다	프	인	지	여	고
일	좋	다	도	웃	이	낫	지	다	만	도	슴

각각의 상황과 관련된 속담을 말한 친구가 그 땅을 차지할 수 있어요. 다음 중 가장 많은 땅을 차지하게 될 친구에게 ○표를 하세요.

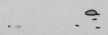

짚신도 제짝이 있다
친구 따라 강남 간다
남의 손의 떡은 커 보인다
먼 사촌보다 가까운 이웃이 낫다

사회 시간에 조사 주제를 정했거든. 그런데 왠지 우리 모둠이 고른 주제가 다른 모둠의 것에 비해 제일 어려워 보여.	우리 반에서는 늘 조용하고 얌전한 시안이가 옆 반 지유랑 있을 때는 수다쟁이가 따로 없더라.	옆집 아주머니가 내 생일을 어떻게 아셨는지 아침에 과일을 갖다주셨어. 생각지도 못했는데 정말 감사했어.
책을 거의 읽지 않는 네가 도서관에는 무슨 일로 왔어? 요새 준우랑 어울려 놀더니 같이 따라왔구나.	아이스크림 가게에서 친구랑 같은 아이스크림을 사 먹었어. 그런데 이상하게 내 것이 친구 것보다 작아 보이네?	단짝 서아가 방과 후 프로그램으로 종이접기를 신청한다고 해서 나도 그냥 따라 신청했어. 잘한 걸까?
이모는 늘 자기와 맞는 짝은 세상에 없을 거라고 하셨는데 다음 달에 결혼한다고 연락이 왔어.	청소 당번끼리 모여서 제비뽑기로 청소 구역을 정했는데, 나는 복도가 걸렸어. 그런데 왜 내가 제일 힘들 것 같지?	얼마 전 시골에 계시는 할머니가 쓰러지셨는데 옆집 아저씨가 119에 신고해 주셔서 위급한 상황을 무사히 넘기셨대.

아래 열쇠를 보고 가로세로 퍼즐을 완성하세요.

가로 열쇠

㉠ 속담 이웃끼리 서로 친하게 지내다 보면 먼 곳에 있는 친척보다 더 가깝게 되어 서로 도우며 살게 된다는 뜻.
초성 ㅁ ㅅㅊㅂㄷ ㄱㄲㅇ ㅇㅇㅇ ㄴㄷ

3 사람이 살지 않는 섬.

4 집에서 가족이 일상 모여서 생활하는 공간.

5 음악에서 각 음의 일정한 높낮이를 나타내는 이름.

7 매년 7월 17일로, 우리나라의 헌법이 알려진 것을 기념하기 위하여 정한 국경일.

8 가슴 양쪽 옆에, 어깨 밑으로 오목한 부분.

10 속담 내 것보다 남의 것이 더 좋아 보이고, 내 일보다 남의 일이 더 쉬워 보임을 비유하여 이르는 말.
초성 ㄴㅇ ㅅㅇ ㄸㅇ ㅋ ㅂㅇㄷ

세로 열쇠

1 속담 누구나 자신에게 어울리는 짝이 있다는 뜻.
초성 ㅈㅅㄷ ㅈㅉㅇ ㅇㄷ

2 사무를 보는 방. 예 ○○○의 책상이 깨끗하게 정돈되어 있다.

3 주로 분홍색에 짙은 붉은색이 도는, 한국의 나라꽃.

4 식물이 잘 자라게 하거나 땅을 기름지게 하기 위해 흙에 주는 영양 물질.

5 일 년을 기후에 따라 나눈 철.

6 속담 자신은 하고 싶지 않으나 남에게 이끌려 덩달아 하게 될 때 쓰는 말. 초성 ㅊㄱ ㄸㄹ ㄱㄴ ㄱㄷ

9 연극, 영화, 소설 등에서 사건의 중심인물.

11 손끝의 다섯 가락으로 갈라진 부분.

16 일차

인간관계와 관련된 속담

공부한 날 월 일

정답 보기

● 미니북 64~67쪽

다음 속담의 뜻을 사다리를 타고 내려가 확인하세요.

병 주고 약 준다	되로 주고 말로 받는다	가는 말이 고와야 오는 말이 곱다	백지장도 맞들면 낫다

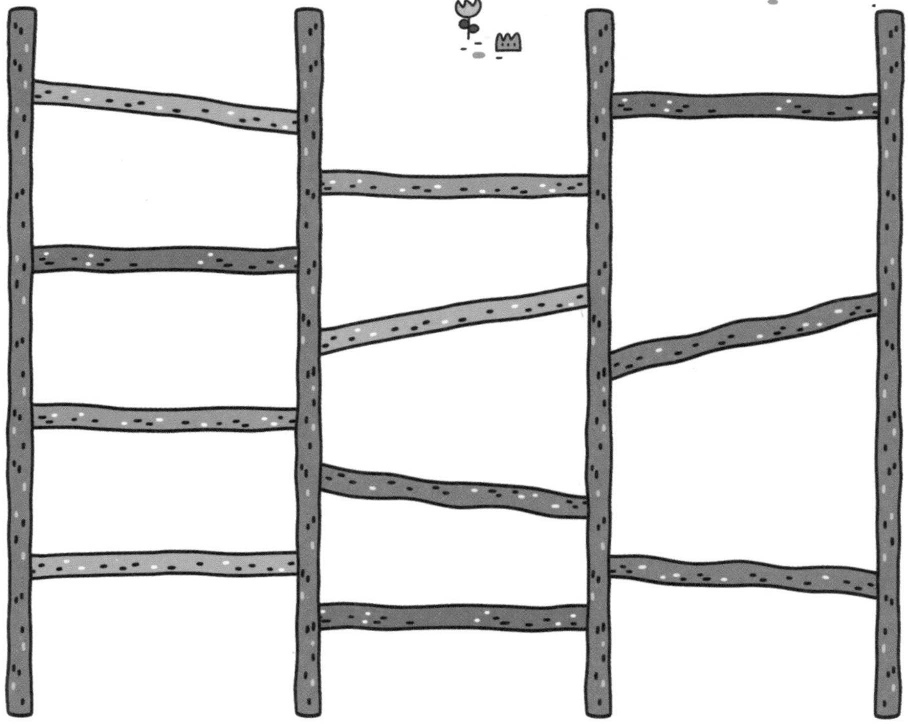

내가 남에게 말이나 행동을 좋게 해 주어야 남도 나에게 좋게 해 준다는 뜻이에요. 비슷한 속담 가는 떡이 커야 오는 떡이 크다	조금 주고 더 많은 대가를 받는다는 뜻이에요. 비슷한 속담 한 되 주고 한 섬 받는다	남을 해치고 나서 약을 주며 위해 주는 척한다는 뜻이에요. 비슷한 속담 등 치고 배 만진다	아무리 쉬운 일이라도 함께 하면 훨씬 수월하게 할 수 있다는 말이에요.

주어진 속담의 뜻을 보고 이에 알맞은 속담을 게시판의 카드를 한 번씩만 사용하여 쓰세요.

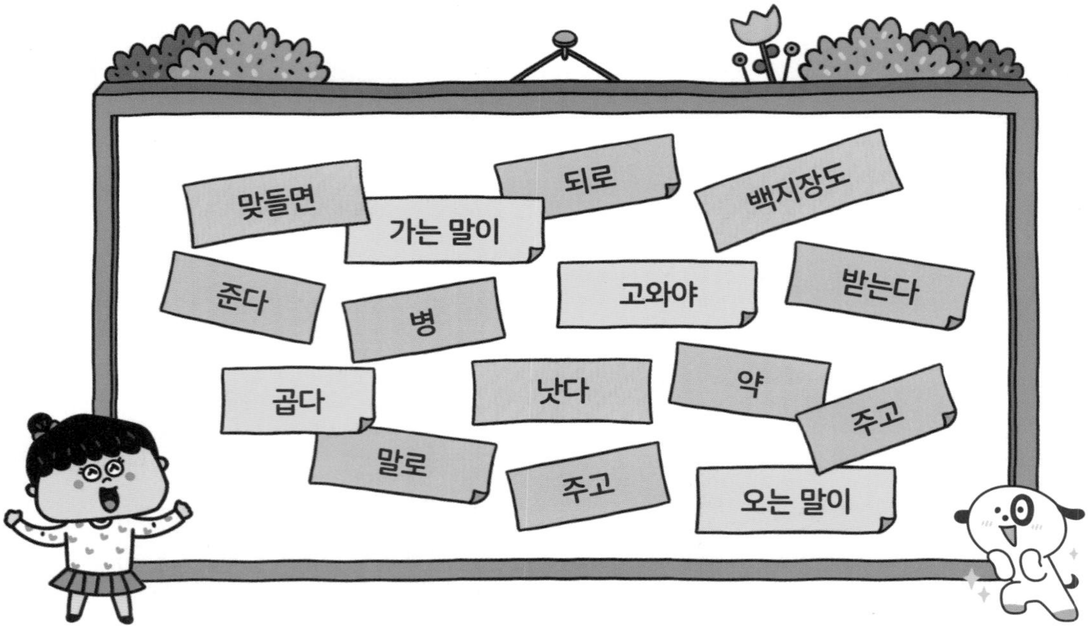

❶ 조금 주고 더 많은 대가를 받는다는 뜻.

➡ ______________________________

❷ 남을 해치고 나서 약을 주며 위해 주는 척한다는 뜻.

➡ ______________________________

❸ 아무리 쉬운 일이라도 함께하면 훨씬 수월하게 할 수 있다는 말.

➡ ______________________________

❹ 내가 남에게 말이나 행동을 좋게 해 주어야 남도 나에게 좋게 해 준다는 뜻.

➡ ______________________________

속담을 알맞게 활용하였는지 판단하여 도착점의 기호를 쓰세요.

❶ 주말에 언니와 함께 분리수거를 했더니 금방 끝났어. 백지장도 맞들면 낫다니까.

❷ 되로 주고 말로 받는다더니, 아직 삼촌한테 용돈도 안 받았는데 벌써 그 돈으로 무엇을 살지 계획을 다 세워 놓은 거야?

❸ 운동회 때 달리기 시합하는 친구를 내가 응원해 주었더니 친구도 나를 응원해 주더라고. 역시 가는 말이 고와야 오는 말이 고운 법이야.

❹ 오늘 과학 시간에 모둠별로 발표할 주제를 정했는데, 백지장도 맞들면 낫다고 우리 모둠은 의견이 다 달라서 주제를 정하기가 너무 어려웠어.

❺ 형이 내 받아쓰기 점수를 듣고 날 놀리더니 시무룩해진 내 표정을 보고는 내가 친구들한테 인기는 많다고 위로해 주더라고. 이거 병 주고 약 준 거 맞지?

칸을 이동하는 규칙
- ❶~❺의 번호 순서대로 속담을 활용한 예시를 확인하면서 이동해요.
- **속담을 알맞게 활용하였으면:** 오른쪽(→)으로 한 칸 이동해요.
- **속담을 알맞게 활용하지 못하였으면:** 아래쪽(↓)으로 한 칸 이동해요.

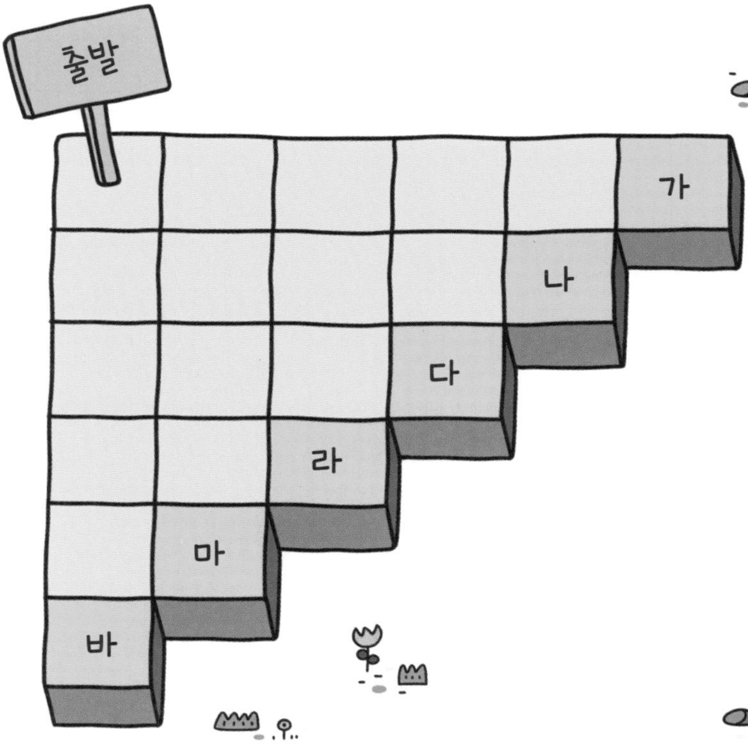

도착점의 기호는?

아래 열쇠를 보고 가로세로 퍼즐을 완성하세요.

연두색 칸에는
오늘 배운 속담이
들어가요.

가로 열쇠

㉠ 속담 내가 남에게 말이나 행동을 좋게 해야 남도 나에게 좋게 한다는 뜻. 초성 ㄱㄴ ㅁㅇ ㄱㅇㅇ ㅇㄴ ㅁㅇ ㄱㄷ

3 손으로 돌려서 수돗물을 나오게 하거나 막는 장치.

4 옥수수 낟알을 튀겨 만든 과자.

5 어떤 일에 방해가 되거나 거치적거리게 하는 물건.

6 화재를 예방하고 불이 난 것을 끄는 공무원.

7 속담 남을 해치고 나서 약을 주며 위해 주는 척한다는 뜻. 초성 ㅂ ㅈㄱ ㅇ ㅈㄷ

9 바다에서 나는 물고기 · 조개 · 미역 등의 먹을거리.

11 다른 사람이 소리 내어 읽는 글이나 말을 들으면서 그대로 옮겨 쓰는 일. 예 ○○○○ 시험.

12 옷이나 천 등의 구김을 펴거나 주름을 잡는 데 쓰는 도구.

세로 열쇠

1 속담 아무리 쉬운 일이라도 함께하면 훨씬 수월하게 할 수 있다는 말. 초성 ㅂㅈㅈㄷ ㅁㄷㅁ ㄴㄷ

2 속담 조금 주고 더 많은 대가를 받는다는 뜻. 초성 ㄷㄹ ㅈㄱ ㅁㄹ ㅂㄴㄷ

3 물속에 사는 생물을 모아 놓고 길러, 구경시키거나 연구할 수 있도록 만든 시설.

4 강에 흐르는 물. 예 ○○도 쓰면 준다.

6 소독할 때 쓰는 약.

7 알에서 갓 깨어났거나 다 자라지 않은 어린 닭.

8 앞으로 해야 할 일에 필요하여 미리 갖추어 놓는 물건.

10 산과 산 사이의 움푹 들어간 곳. 예 높은 산봉우리와 깊은 ○○○○에 큰 돌들이 늘어서 있다.

17 일차

우리 몸과 관련된 속담

공부한 날 월 일

정답 보기

• 미니북 68~71쪽

빈칸에 들어갈 낱말을 골라 ○표를 하고, 속담을 완성하세요.

내 □가 석 자

지금 내 코에 길게 흐르고 있는 콧물을 닦지도 못하고 있다면 다른 사람을 챙길 여유가 없을 거예요. 내 상황이 급하고 어려워서 남의 어려운 사정을 도와줄 여유가 없다는 뜻이에요.

귀 이 코

□은 비뚤어져도 말은 바로 하랬다

입이 비뚤어져 말을 제대로 하기 힘든 상황이어도 올바른 말을 해야 한다는 말로, 내 상황이 어떻든지 언제나 옳고 바른말을 해야 한다는 뜻이에요.

목 손 입

□ 가리고 아웅

무슨 일이 일어났는지 다 알고 있는데 어설프게 꾀를 내어 남을 속이려고 할 때 쓰는 말이에요.

비슷한 속담 머리카락 뒤에서 숨바꼭질한다

눈 발 배

앓던 □ 빠진 것 같다

아픈 이가 쑥 빠져나간 것처럼 걱정하던 일이 해결되거나 없어져서 속이 후련하다는 뜻이에요.

이 턱 털

빈칸에 들어갈 알맞은 말을 낱말판에서 모두 찾아 색칠하세요. 색칠했을 때 나타나는 모양을 ❶~❹ 중에서 골라 ○표를 하세요.

'앓던 이 빠진 것 같다'는 걱정하던 일이 해결되거나 없어져서 속이 ○○○○는 뜻이다.

'내 코가 석 자'는 내 상황이 급하고 어려워서 남의 어려운 사정을 도와줄 ○○가 없다는 뜻이다.

'입은 비뚤어져도 말은 바로 하랬다'는 내 상황이 어떻든지 언제나 옳고 ○○○을 해야 한다는 뜻이다.

'눈 가리고 아웅'은 무슨 일이 일어났는지 다 알고 있는데 ○○○○ 꾀를 내어 남을 속이려고 할 때 쓰는 말이다.

낱말판

비유	소유	여유	자유
거짓말	바른말	우리말	존댓말
가냘프게	답답하다	따뜻하다	배고프게
서글프게	심심하다	어설프게	후련하다

❶

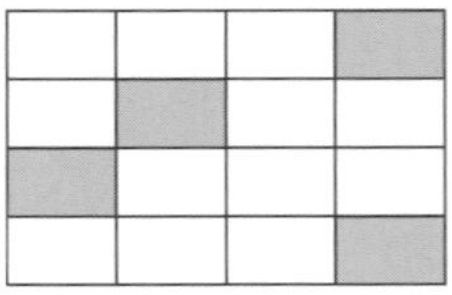

❷

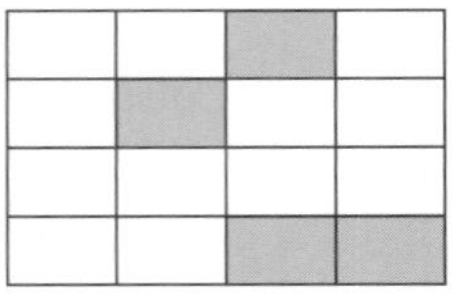

❸

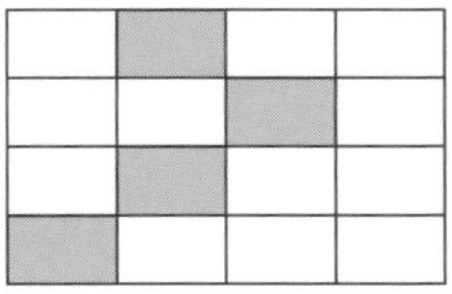

❹

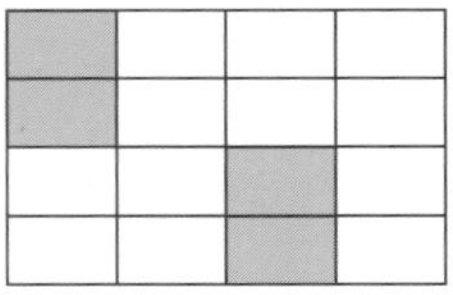

상황에 맞게 속담을 활용하였는지 판단하고, 길을 따라가서 받게 될 선물에 ○표를 하세요.

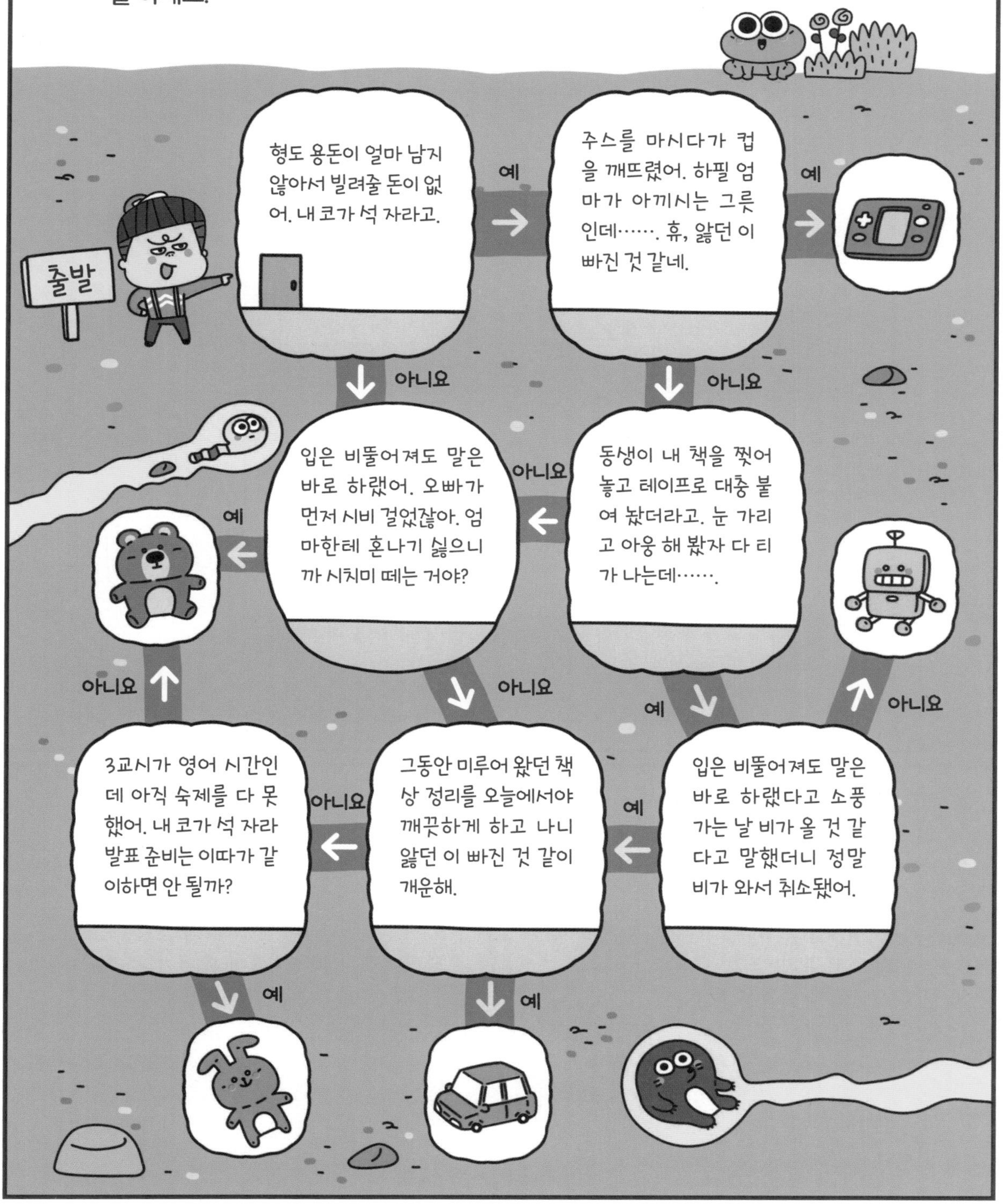

아래 열쇠를 보고 가로세로 퍼즐을 완성하세요.

연두색 칸에는
오늘 배운 속담이
들어가요.

가로 열쇠

- ㉠ 속담 내 상황이 어떻든지 언제나 옳고 바른말을 해야 한다는 뜻. 초성 ㅇㅇ ㅂㄸㅇㅈㄷ ㅁㅇ ㅂㄹ ㅎㄹㄷ
- 4 신발을 넣어 두는 장.
- 6 건물 안에서만 신는 신발.
- 8 두 사람 이상이 일정한 구간을 나누어 맡아 차례로 배턴을 주고받으면서 달리는 경기.
- 10 실제로 일어났거나 일어나고 있는 일.
- 13 속담 무슨 일인지 다 알고 있는데 어설프게 꾀를 내어 남을 속이려고 할 때 쓰는 말. 초성 ㄴ ㄱㄹㄱ ㅇㅇ
- 15 처음 만난 사람에게 자기의 이름, 나이, 직업 등을 말하여 알림. 예 한 명씩 앞으로 나와 ○○○○을/를 했다.
- 16 지구 위에서 육지를 제외한 부분으로, 짠물이 차 있는 곳.

세로 열쇠

- 1 체의 몸이 되는 부분. 예 다람쥐 ○○○ 돌듯.
- 2 나이가 많은 사람을 높여 이르는 말.
- 3 속담 걱정하던 일이 해결되거나 없어져서 속이 후련하다는 뜻. 초성 ㅇㄷ ㅇ ㅃㅈ ㄱ ㄱㄷ
- 5 조선 세종 때의 과학자로, 측우기 · 해시계 등을 만듦.
- 7 속담 내 상황이 급하고 어려워서 남의 어려운 사정을 도와줄 여유가 없다는 뜻. 초성 ㄴ ㅋㄱ ㅅ ㅈ
- 9 신문이나 잡지에서 어떠한 사실을 알리는 글.
- 11 실처럼 가늘게 뜬 눈. 예 아기가 ○○을/를 뜬 채로 잔다.
- 12 울려 퍼져 가던 소리가 산이나 골짜기에 부딪쳐 울려서 돌아오는 소리. 예 산에서 ○○○이/가 들려 왔다.
- 14 옷이나 장갑 등을 실이나 털실로 떠서 만드는 일.

18 일차 우리 몸과 관련된 속담

공부한날 월 일

정답 보기

● 미니북 72~75쪽

다음 속담의 뜻을 사다리를 타고 내려가 확인하세요.

간에 붙었다 쓸개에 붙었다 한다	배보다 배꼽이 더 크다	발 없는 말이 천 리 간다	열 손가락 깨물어 안 아픈 손가락이 없다

작아야 할 것이 더 크고 적어야 할 것이 더 많다는 말로, 기본이 되는 것보다 덧붙이는 것이 더 많다는 뜻이에요.	여기에 붙었다 저기에 붙었다 하듯이, 자기에게 유리한 쪽으로 편을 바꾼다는 뜻이에요.	부모에게 자식은 몇 명이든 모두 다 귀하고 소중하다는 뜻이에요. 비슷한 속담 다섯 손가락 깨물어서 아프지 않은 손가락이 없다	사람의 입에서 나온 말은 발이 없지만, 천 리 밖까지도 순식간에 퍼진다는 뜻이에요.

❶~❹와 같은 뜻의 속담을 찾아 선으로 이어 완성하세요.

❶ 부모에게 자식은 몇 명이든 모두 다 귀하고 소중하다는 뜻.
❷ 사람의 입에서 나온 말은 발이 없지만, 천 리 밖까지도 순식간에 퍼진다는 뜻.
❸ 여기에 붙었다 저기에 붙었다 하듯이, 자기에게 유리한 쪽으로 편을 바꾼다는 뜻.
❹ 작아야 할 것이 더 크고 적어야 할 것이 더 많다는 말로, 기본이 되는 것보다 덧붙이는 것이 더 많다는 뜻.

선을 잇는 규칙

- ❶~❹의 뜻을 지닌 속담을 각각 찾아 번호(❶)를 쓰고 선을 이으세요.
- 한 번 이은 선은 중간에 끊을 수 없고, 다른 선을 넘어서 갈 수 없어요.
- 속담은 가로나 세로로 찾아갈 수 있으며, 대각선으로는 갈 수 없어요.

❶열	발	가	락	간	에	붙	었	다	쓸	개	에
손	바	닥	으	로	하	늘	가	리	면	위	붙
가	지	에	장	을	지	마	파	람	래	아	었
락	달	도	차	면	지	다	눈	게	다	한	다
깨	물	어	안	아	픈	추	감	티	끌	모	아
뜨	속	빈	강	정	손	오	는	날	배	보	다
린	다	마	른	하	가	랑	날	장	놔	아	배
발	없	는	에	늘	락	비	옷	젖	라	야	꼽
을	바	말	날	락	이	없	다	는	한	더	이
뻗	닥	이	벼	말	에	씨	된	줄	까	크	등
으	라	천	리	간	다	가	천	리	길	다	불

낱말을 찾아 색칠하여 다음 상황에 알맞은 속담을 완성하세요.

영화 할인권이 생겨서 엄마, 아빠와 영화를 보러 갔다. 영화 볼 때 팝콘과 오징어는 빠질 수 없는 법! 팝콘에 음료수, 오징어까지 야무지게 먹고 나니 영화 값보다 간식값이 더 나왔다.

발	배	보다	처럼	배꼽이	뱃살이	더	많다	작다	크다

나는 얼마 전 짝꿍에게 좋아하는 친구가 있다고 말했다. 비밀을 꼭 지켜 준다는 말을 믿고 그 친구가 현수라고 얘기했다. 그런데 오늘 다른 반 친구 은우를 만났는데 내가 현수를 좋아하는 것을 이미 알고 있었다.

발	손	없는	있는	말이	양이	십 리	천 리	간다	온다

우리 집 강아지 코코는 산책하고 싶을 때는 형한테 꼬리 치고, 간식이 먹고 싶을 때는 나한테 꼬리 친다. 말은 하지 못해도 어떻게 해야 자기에게 이익이 되는지 아는 모양이다.

간에	위에	붙었다	앉았다	심장에	쓸개에	붙었다	올랐다	한다

오늘따라 엄마가 우리 삼남매 중에서 나한테만 잔소리하시는 것 같았다. 서운한 마음에 엄마 앞에서 엉엉 울었더니, 엄마가 나를 꼭 안아 주시면서 우리 셋을 사랑하는 마음은 모두 같다고 말씀하셨다.

열	한	발가락	손가락	깨물어	안 아픈	발가락이	손가락이	없다	있다

아래 열쇠를 보고 가로세로 퍼즐을 완성하세요.

가로 열쇠

- ㉠ 속담 부모에게 자식은 몇 명이든 모두 다 귀하고 소중하다는 뜻. 초성 ㅇ ㅅㄱㄹ ㄲㅁㅇ ㅇ ㅇㅍ ㅅㄱㄹㅇ ㅇㄷ
- 2 가는 몸통에 넓적한 두 쌍의 날개를 가지고 있고, 주로 꽃에서 꿀을 빨아먹는 곤충. 예 흰○○. 노랑○○.
- 3 속담 기본이 되는 것보다 덧붙이는 것이 더 많다는 뜻. 초성 ㅂㅂㄷ ㅂㄲㅇ ㄷ ㅋㄷ
- 5 꽹과리·징·장구·북의 네 가지 악기를 어우러져 치는 놀이.
- 6 시간이 꽤 걸리는 먼 거리. 예 ○○○ 여행을 다녀왔다.
- 7 돈, 명함, 카드 등을 넣어 주머니에 넣고 다니는 물건.
- 10 속담 사람의 입에서 나온 말은 발이 없지만, 천 리 밖까지도 순식간에 퍼진다는 뜻. 초성 ㅂ ㅇㄴ ㅁㅇ ㅊ ㄹ ㄱㄷ

세로 열쇠

- 1 가늘게 내리는 비. 예 ○○○에 옷 젖는 줄 모른다.
- 2 나루와 나루 사이를 건너다니는 작은 배.
- 4 곤충의 머리 끝에 가늘고 길게 달려 있어 무엇을 더듬어 알아보는 역할을 하는 기관.
- ㉡ 속담 자기에게 유리한 쪽으로 편을 바꾼다는 뜻. 초성 ㄱㅇ ㅂㅇㄷ ㅆㄱㅇ ㅂㅇㄷ ㅎㄷ
- 5 어느 한 지방에서만 쓰는, 표준어가 아닌 말.
- 6 손을 보호하거나 추위를 막거나 장식하기 위하여 손에 끼는 물건. 예 손이 시려서 ○○을/를 꼈다.
- 7 글씨나 그림 등을 지우는 데 쓰는 물건.
- 8 소나 말을 기르는 곳. 예 소 잃고 ○○○ 고친다.
- 9 목적지를 향하여 나아감.

19 일차 우리 몸과 관련된 속담

공부한날 월 일

정답 보기

● 미니북 76~79쪽

알맞은 퍼즐 조각을 골라 빈칸에 쓰고, 속담을 완성하세요.

똥 누러 / 성낸다 / 방귀가 / 오줌

( ) 갈 적 마음 다르고 올 적 마음 다르다

자기가 급할 땐 다른 사람에게 간절히 부탁하며 매달리다가 문제가 해결되면 도와준 사람을 모른 체한다는 뜻이에요.

언 발에 ( ) 누기

갑자기 터진 일을 급하게 대충 처리하면 그 효과가 오래가지 못하고 오히려 결과가 전보다 더 나빠진다는 뜻이에요.

방귀 뀐 놈이 ( )

잘못을 저지른 사람이 오히려 남에게 화를 내거나 억지를 부린다는 뜻이에요.

비슷한 속담 똥 싸고 성낸다

( ) 잦으면 똥 싸기 쉽다

어떤 일이 일어날 조짐이 자주 나타나면 그와 관련된 일이 반드시 일어난다는 뜻이에요.

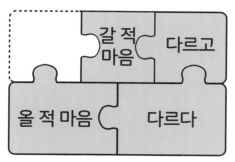

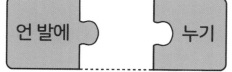

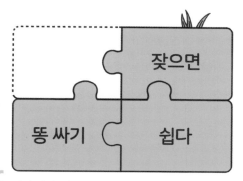

주어진 속담의 뜻을 보고 이에 알맞은 속담을 게시판의 카드를 한 번씩만 사용하여 쓰세요.

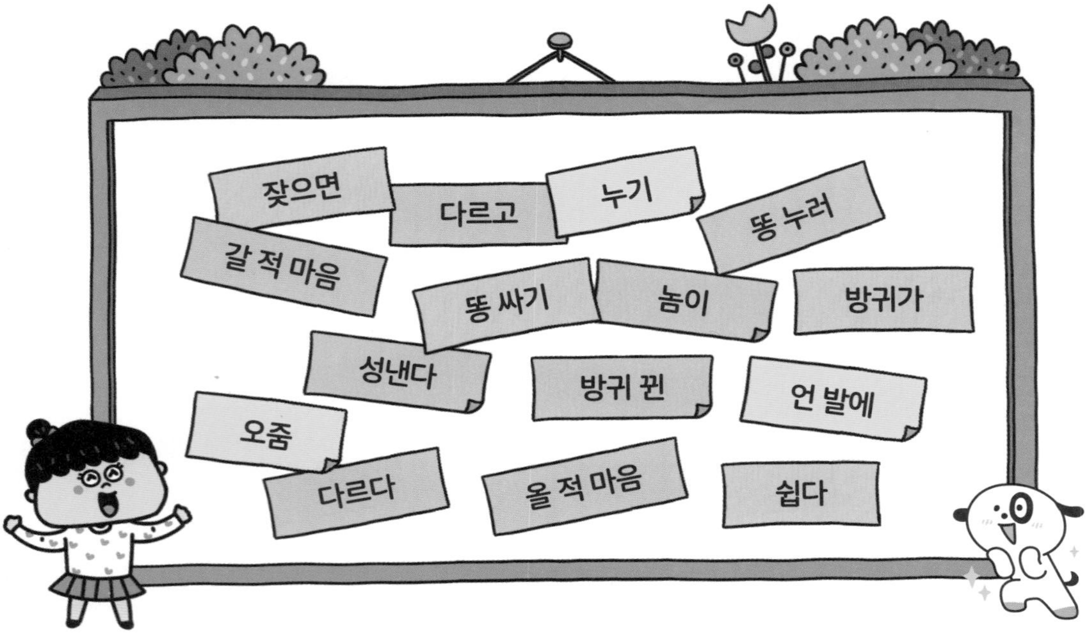

❶ 잘못을 저지른 사람이 오히려 남에게 화를 내거나 억지를 부린다는 뜻.

➡ ______________________________

❷ 어떤 일이 일어날 조짐이 자주 나타나면 그와 관련된 일이 반드시 일어난다는 뜻.

➡ ______________________________

❸ 갑자기 터진 일을 급하게 대충 처리하면 그 효과가 오래가지 못하고 오히려 결과가 전보다 더 나빠진다는 뜻.

➡ ______________________________

❹ 자기가 급할 땐 다른 사람에게 간절히 부탁하며 매달리다가 문제가 해결되면 도와준 사람을 모른 체한다는 뜻.

➡ ______________________________

속담을 알맞게 활용하였는지 판단하여 도착점의 기호를 쓰세요.

❶ 방귀가 잦으면 똥 싸기 쉽다고 노래를 매일 불러도 음치여서 실력이 늘질 않아.

❷ 지금은 피아노를 잘 못 치더라도 언 발에 오줌 누기 식으로 연습하면 금방 실력이 늘 거야.

❸ 오빠가 부탁 하나 들어주면 나한테 젤리를 준다고 했거든. 똥 누러 갈 적 마음 다르고 올 적 마음 다르다더니 이제 와서 모른 척 하네.

❹ 배드민턴을 치는데 하준이가 서브한 공이 나뭇가지에 걸리고 말았어. 그런데 방귀 뀐 놈이 성낸다고 되려 나한테 화를 내는 거 있지.

❺ 똥 누러 갈 적 마음 다르고 올 적 마음 다르다더니 네가 화분을 깨트린 게 들통 날까봐 안절부절못하는 거지? 그냥 선생님께 솔직하게 말씀드리자.

칸을 이동하는 규칙

- ❶~❺의 번호 순서대로 속담을 활용한 예시를 확인하면서 이동해요.
- **속담을 알맞게 활용하였으면:** 오른쪽(→)으로 한 칸 이동해요.
- **속담을 알맞게 활용하지 못하였으면:** 아래쪽(↓)으로 한 칸 이동해요.

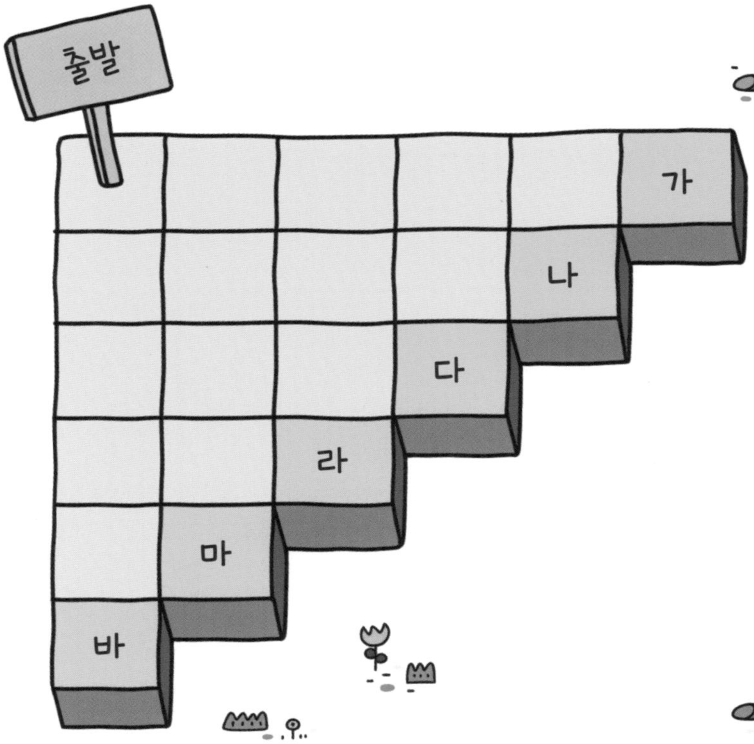

도착점의 기호는?

아래 열쇠를 보고 가로세로 퍼즐을 완성하세요.

가로 열쇠

㉠ 속담 자기가 급할 땐 간절히 부탁하며 매달리다가 문제가 해결되면 도와준 사람을 모른 체한다는 뜻.
초성 ㄸ ㄴㄹ ㄱ ㅈ ㅁㅇ ㄷㄹㄱ ㅇ ㅈ ㅁㅇ ㄷㄹㄷ

3 가을을 대표하는 곤충으로, 풀밭에서 귀뚤귀뚤 하면서 우는, 더듬이가 긴 작은 곤충.

5 건물이나 집의 주된 출입구에 있는 문.

8 할 일을 의논하기 위해 계획이나 의견을 말함.

10 고무로 만든 신. 예 검정 ○○○.

12 전파로 보내지는 방송을 받아서 들려주는 장치.

14 속담 어떤 일이 일어날 조짐이 자주 나타나면 그와 관련된 일이 반드시 일어난다는 뜻.
초성 ㅂㄱㄱ ㅈㅇㅁ ㄸ ㅆㄱ ㅅㄷ

세로 열쇠

1 말을 기르는 곳.

2 속담 잘못을 저지른 사람이 오히려 남에게 화를 내거나 억지를 부린다는 뜻. 초성 ㅂㄱ ㄲ ㄴㅇ ㅅㄴㄷ

4 미술 작품을 전시하고 구경시키는 건물.

6 공부할 때 해답이나 풀이를 하라는 물음.

7 속담 갑자기 터진 일을 급하게 대충 처리하면 결과가 전보다 더 나빠진다는 뜻. 초성 ㅇ ㅂㅇ ㅇㅈ ㄴㄱ

9 공사장, 학교 등에서 안전 교육을 제대로 하지 않거나, 주의를 잘하지 못해 일어나는 사고.

11 우리나라 삼국 시대의 세 나라 중 하나로, 박혁거세가 경주에 세움.

13 책이나 학용품 등을 넣어서 가지고 다니는 가방.

먹거리와 관련된 속담

공부한날 ✦ 월 일

정답 보기

● 미니북 80~83쪽

알맞은 퍼즐 조각을 골라 빈칸에 쓰고, 속담을 완성하세요.

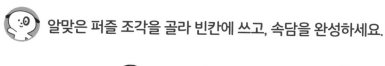

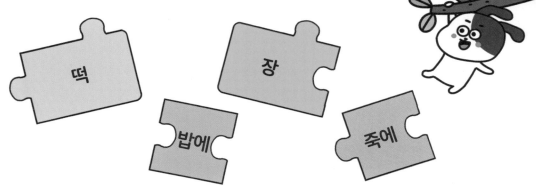

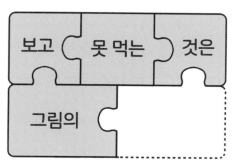

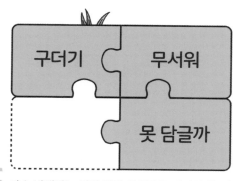

떡 / 장 / 밥에 / 죽에

한술 [ ] 배부르랴

어떤 일이든지 단 한 번에 만족할 수는 없다는 말로, 무엇이든지 꾸준히 노력해야 큰 효과를 낼 수 있다는 뜻이에요.

비슷한 속담 첫술에 배부르랴

다 된 [ ] 코 풀기

거의 다 이루어진 일을 마지막에 망쳐 버리는 주책없는 행동을 비유하여 이르는 말이에요.

비슷한 속담 다 된 죽에 코 빠졌다

그림의 [ ] 보고 못 먹는 것은

아무리 마음에 들어도 이용할 수 없거나 차지할 수 없는 경우를 비유하여 이르는 말이에요.

구더기 무서워 [ ] 못 담글까

다소 방해되는 것이 있다 하더라도 마땅히 할 일은 해야만 한다는 뜻이에요.

비슷한 속담 장마가 무서워 호박을 못 심겠다

빈칸에 들어갈 알맞은 말을 낱말판에서 모두 찾아 색칠하세요. 색칠했을 때 나타나는 모양을 ❶~❹ 중에서 골라 ○표를 하세요.

'한술 밥에 배부르랴'는 어떤 일이든지 단 한 번에 ○○○ 수는 없다는 말이다.

'구더기 무서워 장 못 담글까'는 다소 ○○○○ 것이 있다 하더라도 마땅히 할 일은 해야만 한다는 뜻이다.

'다 된 죽에 코 풀기'는 거의 다 이루어진 일을 마지막에 망쳐 버리는 주책없는 ○○을 비유하여 이르는 말이다.

'보고 못 먹는 것은 그림의 떡'은 아무리 마음에 들어도 ○○○ 수 없거나 차지할 수 없는 경우를 비유하여 이르는 말이다.

낱말판

눈물	마음	얼굴	행동
기억할	만족할	배려할	실망할
연습할	이용할	판매할	학습할
공감되는	공부되는	도움되는	방해되는

❶

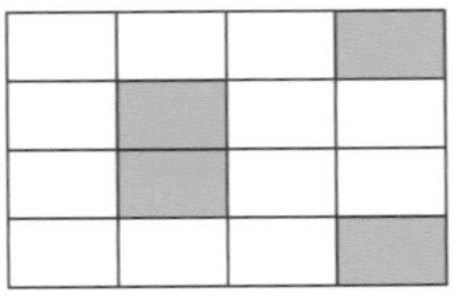

❷

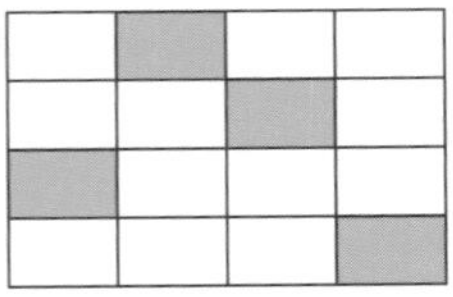

❸

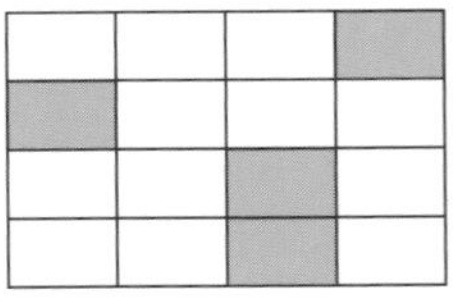

❹

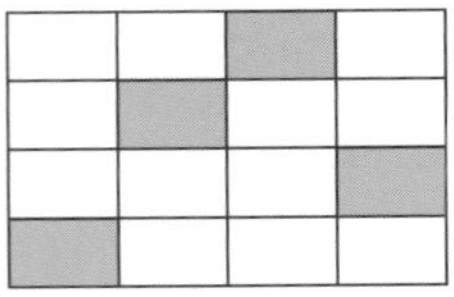

낱말을 찾아 색칠하여 다음 상황에 알맞은 속담을 완성하세요.

우영아, 오늘 급식 반찬으로 네가 제일 좋아하는 돈가스가 나온대.

정말? 그런데 나 오늘 장염에 걸려서 죽만 먹어야 해. 너무 슬프다.

듣고	보고	못 먹는	못 보는	것은	그림의	하늘의	떡	밥

이상하다. 이 수학책으로 공부하면 수학 박사가 될 수 있다고 했는데 나는 아직도 수학이 어려워.

이제 겨우 한 쪽 풀었잖아. 한 쪽 풀고 곧바로 잘하길 기대하면 안 되지.

두 번	한 그릇	한술	국에	밥에	배고프랴	배부르랴

나는 벌레가 너무 무서워. 과학 시간인데 왜 애벌레를 키워야 하는 거야?

곤충의 한살이를 배우는 중이잖아. 그리고 우리 관찰 일기도 써야 하니까 너무 겁내지 말고 같이 보자.

거미	구더기	무서워	좋아	술	장	못 담글까	못 먹을까

선하야, 오늘 미술 대회는 어땠니? 그리고 싶은 것을 다 그렸어?

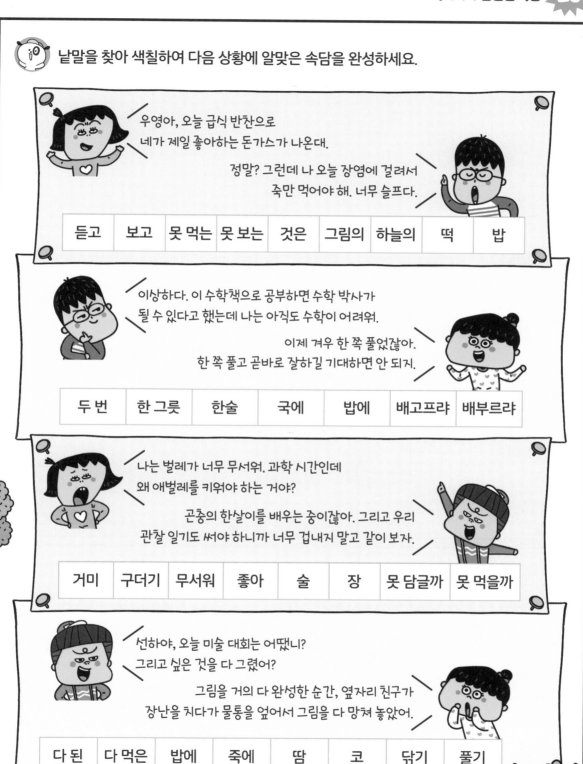

그림을 거의 다 완성한 순간, 옆자리 친구가 장난을 치다가 물통을 엎어서 그림을 다 망쳐 놓았어.

다 된	다 먹은	밥에	죽에	땀	코	닭기	풀기

아래 열쇠를 보고 가로세로 퍼즐을 완성하세요.

연두색 칸에는
오늘 배운 속담이
들어가요.

가로 열쇠

- ㉠ 속담 아무리 마음에 들어도 이용할 수 없거나 차지할 수 없는 경우를 이르는 말. 초성 ㅂㄱ ㅁ ㅁㄴ ㄱㅇ ㄱㄹㅇ ㄸ
- 3 고기나 여러 종류의 나물 등에 양념을 넣어 비벼 먹는 밥.
- 4 동물이나 사물 등을 가리키거나 다른 것과 구분하기 위하여 그것에 붙여 부르는 말. 예 이 꽃의 ○○은/는 뭘까?
- 5 올챙이가 자란 것으로, 주로 논이나 못 같은 물과 그 근처의 땅에 살며, 꼬리가 없고, 개굴개굴 우는 작은 동물.
- 6 곱셈 때 쓰는 셈의 기초 공식으로, 1에서 9까지의 각 수를 서로 곱하여 그 값을 나타낸 것. 예 ○○○을/를 외우다.
- 8 속담 거의 다 이루어진 일을 마지막에 망쳐 버리는 주책없는 행동을 이르는 말. 초성 ㄷ ㄷ ㅈㅇ ㅋ ㅍㄱ
- 9 사물· 현상 등이 서로 이어져 있는 것.

세로 열쇠

- 1 속담 어떤 일이든지 단 한 번에 만족할 수는 없다는 말. 초성 ㅎㅅ ㅂㅇ ㅂㅂㄹㄹ
- 2 몹시 검은 구름. 예 하늘에 ○○○이/가 꼈다.
- 4 이불과 요를 통틀어 이르는 말. 예 ○○○○을/를 펴다.
- 5 보통 살구보다 맛이 시고 떫은 살구. 예 빛 좋은 ○○○.
- ㉡ 속담 다소 방해되는 것이 있다 하더라도 마땅히 할 일은 해야만 한다는 뜻. 초성 ㄱㄷㄱ ㅁㅅㅇ ㅈ ㅁ ㄷㄱㄲ
- 7 삶은 팥을 으깨고 거기에 설탕을 넣어 달게 만든 죽.
- 8 회의에서 많은 사람의 의견에 따라 어떤 일을 하거나 하지 않기로 결정하는 일.
- 9 연습하는 데 쓰는 공책.

21 일차 먹거리와 관련된 속담

공부한 날 월 일

정답 보기

● 미니북 84~87쪽

다음 속담의 뜻을 사다리를 타고 내려가 확인하세요.

콩 심은 데 콩 나고 팥 심은 데 팥 난다

벼 이삭은 익을수록 고개를 숙인다

작은 고추가 더 맵다

도토리 키 재기

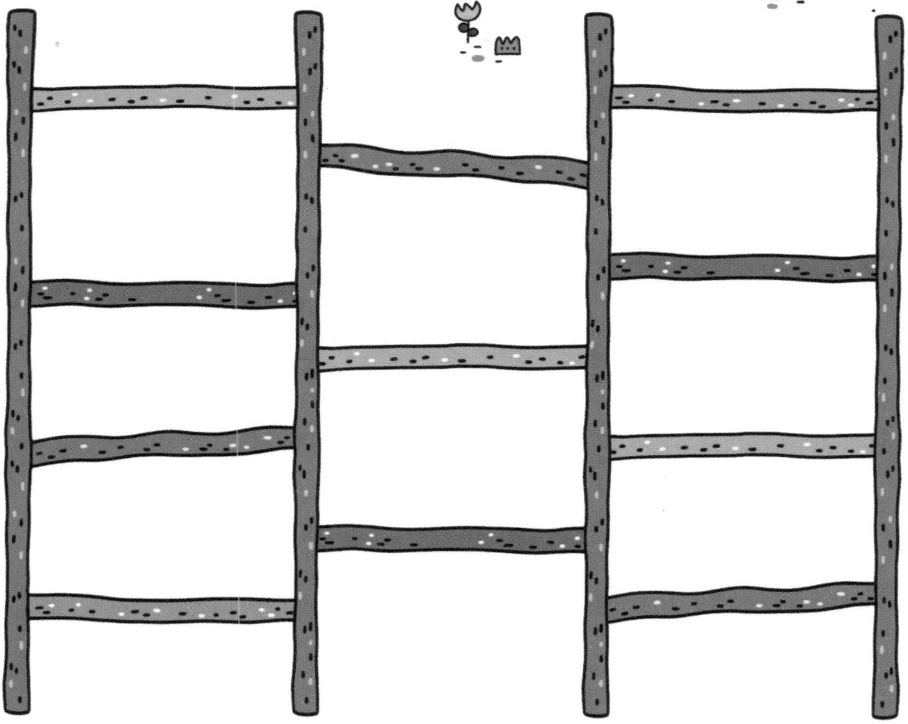

모든 일은 근본에 따라 거기에 걸맞은 결과가 나타난다는 뜻이에요.

비슷한 속담 가시나무에 가시가 난다

몸집이 작은 사람이 큰 사람보다 재주가 뛰어나고 야무짐을 비유하여 이르는 말이에요.

생각이 깊고 덕이 높은 사람일수록 겸손하고 남 앞에서 자기를 내세우려 하지 않는다는 것을 이르는 말이에요.

정도가 고만고만한 사람끼리 서로 다투거나, 크기 등이 비슷비슷하여 견주어 볼 필요가 없을 때 쓰는 말이에요.

❶~❹와 같은 뜻의 속담을 찾아 선으로 이어 완성하세요.

❶ 모든 일은 근본에 따라 거기에 걸맞은 결과가 나타난다는 뜻.
❷ 몸집이 작은 사람이 큰 사람보다 재주가 뛰어나고 야무짐을 비유하여 이르는 말.
❸ 생각이 깊고 덕이 높은 사람일수록 겸손하고 남 앞에서 자기를 내세우려 하지 않는다는 것을 이르는 말.
❹ 정도가 고만고만한 사람끼리 서로 다투거나, 크기 등이 비슷비슷하여 견주어 볼 필요가 없을 때 쓰는 말.

선을 잇는 규칙
- ❶~❹의 뜻을 지닌 속담을 각각 찾아 번호(❶)를 쓰고 선을 이으세요.
- 한 번 이은 선은 중간에 끊을 수 없고, 다른 선을 넘어서 갈 수 없어요.
- 속담은 가로나 세로로 찾아갈 수 있으며, 대각선으로는 갈 수 없어요.

❶콩	먹	어	라	팔	먹	어	라	한	다	벼	떡
심	은	데	콩	나	고	꽃	이	핀	람	이	잎
고	티	끌	모	아	팔	록	수	을	쥐	삭	부
팔	그	림	의	태	심	맛	나	랴	선	은	터
심	가	이	떡	산	은	이	록	수	을	익	알
는	지	다	난	팔	데	좋	고	가	넘	어	아
다	날	이	장	날	콩	다	개	귀	는	가	본
도	리	토	도	이	난	초	를	든	다	크	달
친	키	비	교	한	다	인	숙	는	달	맵	다
구	재	온	방	앗	간	을	지	나	랴	더	너
다	기	뒤	에	땅	이	작	은	고	추	가	건

각각의 상황과 관련된 속담을 말한 친구가 그 땅을 차지할 수 있어요. 다음 중 가장 많은 땅을 차지하게 될 친구에게 ○표를 하세요.

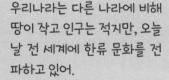

도토리 키 재기
작은 고추가 더 맵다
벼 이삭은 익을수록 고개를 숙인다
콩 심은 데 콩 나고 팥 심은 데 팥 난다

매일 텔레비전을 가까이에서 보고, 밤에 불도 켜지 않고 몰래 만화책을 봤더니 눈이 나빠졌어.	친구들이 우리 엄마랑 나는 정말 똑같이 생겼대. 쌍꺼풀 있는 눈도, 동그란 얼굴도 모두 닮았대.	아라는 대회에 나가 상도 받을 만큼 피아노를 정말 잘 쳐. 그래도 부족하다고 생각해서 매일매일 피아노를 연습한대.
현우는 씨름부에서 몸집이 가장 작아. 그런데 이번에 열린 전체 학년 씨름 대회에서 우승을 했어.	김연아 선수는 어렸을 때부터 훈련을 열심히 했대. 그래서 결국 올림픽에서 금메달도 따고 세계적인 선수가 됐어.	우리나라는 다른 나라에 비해 땅이 작고 인구는 적지만, 오늘날 전 세계에 한류 문화를 전파하고 있어.
윤서와 현서는 서로 자기가 더 멋있게 생겼다고 우겼어. 그런데 윤서와 현서는 쌍둥이거든?	선생님은 어린 우리들에게 늘 먼저 인사를 해 주셔. 이런 모습을 볼 때마다 겸손함을 본받아야겠다는 생각이 들어.	하은이는 나보다 생일이 한 달 빠르다고 자기를 언니라고 부르라더라? 같은 열 살인데 말이야.

아래 열쇠를 보고 가로세로 퍼즐을 완성하세요.

가로 열쇠

㉠ 속담 생각이 깊고 덕이 높은 사람일수록 겸손하고 남 앞에서 자기를 내세우려 하지 않는다는 것을 이르는 말. 초성 ㅂ ㅇㅅㅇ ㅇㅇㅅㄹ ㄱㄱㄹ ㅅㅇㄷ

2 음식을 절이거나 짠맛을 낼 때 쓰는 흰색의 고체 물질.

5 종이, 점토, 접착제 등을 섞어서 찰흙처럼 만든 물질.

6 대중적인 연기·노래·춤 등의 활동을 직업으로 삼는 사람.

7 한 학년 동안을 학업의 필요에 의해 구분한 기간.

8 고치거나 가공하여 다시 쓸 수 있게 만든 물건.

9 어떤 수를 다른 수로 나눗셈을 하는 것.

11 쓰레기를 종류별로 모아서 거두어 감.

13 속담 몸집이 작은 사람이 큰 사람보다 재주가 뛰어나고 야무짐을 이르는 말. 초성 ㅈㅇ ㄱㅊㄱ ㄷ ㅁㄷ

세로 열쇠

㉡ 속담 모든 일은 근본에 따라 그에 걸맞은 결과가 나타난다는 뜻. 초성 ㅋ ㅅㅇ ㄷ ㅋ ㄴㄱ ㅍ ㅅㅇ ㄷ ㅍ ㄴㄷ

1 일정한 시설을 갖추고 이발을 해 주는 곳.

3 어떤 일이나 행동 등을 하지 못하게 막음. 예 사용 ○○.

4 속담 정도가 고만고만한 사람끼리 서로 다투거나, 크기 등이 비슷비슷하여 견주어 볼 필요가 없을 때 쓰는 말. 초성 ㄷㅌㄹ ㅋ ㅈㄱ

6 물질이 불에 탈 때 생기는 흐릿한 기체.

7 공책·연필처럼 학생들이 주로 공부할 때 필요한 물건.

10 마음속에 생기는 기쁨·슬픔 등의 감정 상태.

12 여섯 개의 줄을 튕겨서 소리를 내며, 오동나무로 만든, 우리나라 고유의 현악기. 예 ○○○을/를 타다.

22 일차 먹거리와 관련된 속담

공부한 날 월 일

정답 보기

● 미니북 88~91쪽

빈칸에 들어갈 낱말을 골라 ○표를 하고, 속담을 완성하세요.

빛 좋은 □□□

겉모습만 그럴듯하고 실속이 없는 경우를 비유하여 이르는 말이에요.

개살구 복숭아 토마토

□□ 겉 핥기

사물의 내용이나 참뜻은 모르고 겉만 대강 알아보는 것을 비유하여 이르는 말이에요.

비슷한 속담 꿀단지 겉 핥기

사과 수박 포도

남의 잔치에 감 놓아라 □ 놓아라 한다

집주인도 아니면서 다른 집 잔치에 가서 간섭하는 것처럼 남의 일에 괜히 간섭하고 나서서 참견하는 것을 이르는 말이에요.

귤 밤 배

못 먹는 □ 찔러나 본다

자기의 것으로 만들지 못할 바에야 남도 갖지 못하도록 일부러 못쓰게 만드는 고약한 마음을 이르는 말이에요.

비슷한 속담 못 먹는 밥에 재 집어넣기

감 무 배

비밀이 숨겨져 있는 쪽지를 해독하여 어떤 속담인지 쓰세요.

다한 라아놓 배 라아놓 감 에치잔 의남

❶

↳ 남의 일에 괜히 간섭하고 나서서 참견하는 것을 이르는 말.

ㅂ ㅈㅇ ㄱㅅㄱ

❷

↳ 겉모습만 그럴듯하고 실속이 없는 경우를 비유하여 이르는 말.

기 박 겉 수 핥

❸

↳ 사물의 내용이나 참뜻은 모르고 겉만 대강 알아보는 것을 비유하여 이르는 말.

❹

↳ 자기의 것으로 만들지 못할 바에야 남도 갖지 못하도록 일부러 못쓰게 만드는 고약한 마음을 이르는 말.

속담을 알맞게 활용하였는지 판단하여 도착점의 기호를 쓰세요.

❶ 수박 겉 핥기로 책을 읽었더니 어떤 내용인지 기억이 하나도 나지 않아.

❷ 못 먹는 감 찔러나 본다더니! 우리 둘이 몰래 나눈 얘기를 승호가 어떻게 알고 있지?

❸ 어떤 일을 하든지 수박 겉 핥기 식으로 하다 보면 나중에 분명 좋은 결과가 있을 거야.

❹ 나는 스마트폰이 있지만, 엄마가 사용 제한을 걸어 두셔서 할 수 있는 게 별로 없어. 빛 좋은 개살구지 뭐.

❺ 우진이는 청소 시간에 청소는 하지 않고 남의 잔치에 감 놓아라 배 놓아라 하면서 여기저기 간섭만 하더라.

칸을 이동하는 규칙

- ❶~❺의 번호 순서대로 속담을 활용한 예시를 확인하면서 이동해요.
- **속담을 알맞게 활용하였으면:** 오른쪽(→)으로 한 칸 이동해요.
- **속담을 알맞게 활용하지 못하였으면:** 아래쪽(↓)으로 한 칸 이동해요.

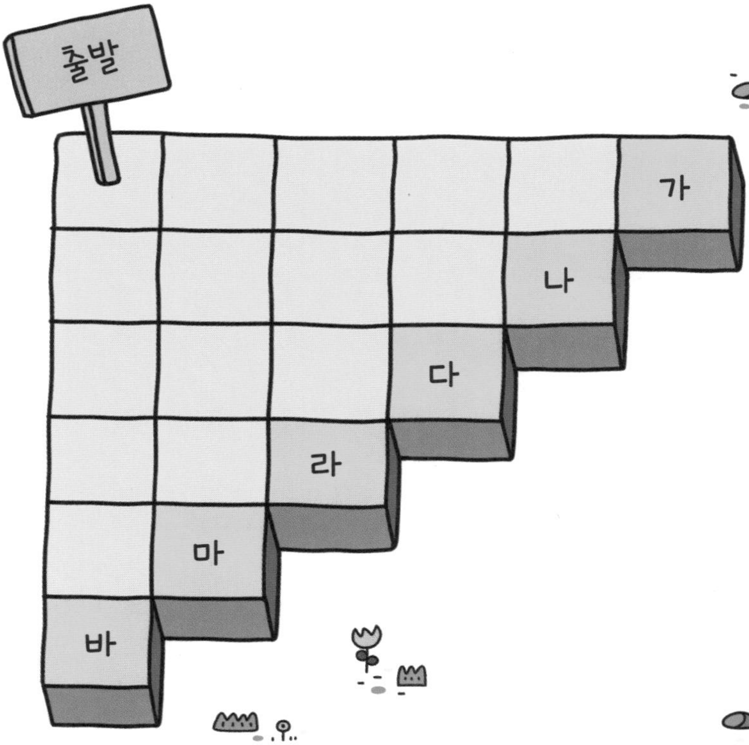

도착점의 기호는?

아래 열쇠를 보고 가로세로 퍼즐을 완성하세요.

연두색 칸에는 오늘 배운 속담이 들어가요.

가로 열쇠

1 속담 겉모습만 그럴듯하고 실속이 없는 경우를 비유하여 이르는 말. 초성 ㅂ ㅈㅇ ㄱㅅㄱ

4 철이 바뀌면서 기온이 심하게 변하는 시기.

㉠ 속담 남의 일에 괜히 간섭하고 나서서 참견하는 것을 이르는 말. 초성 ㄴㅇ ㅈㅊㅇ ㄱ ㄴㅇㄹ ㅂ ㄴㅇㄹ ㅎㄷ

7 배신을 당했을 때 느끼는 속상한 감정.

8 머리의 뒷부분. 예 ○○○이/가 납작하다.

11 겉이 어두운 녹색이며 맛이 달아 식용으로 재배하는 호박.

13 겉으로 드러나 보이는 모습.

15 우리가 사는 나라, 곧 한국.

16 단소 · 피리처럼 입으로 불어서 관 안의 공기를 떨게 하여 소리를 내는 악기.

세로 열쇠

2 매년 10월 3일로, 우리나라의 건국을 기념하기 위해 만든 국경일.

3 속담 자기의 것으로 만들지 못할 바에야 남도 갖지 못하도록 일부러 못쓰게 만드는 고약한 마음을 이르는 말. 초성 ㅁ ㅁㄴ ㄱ ㅉㄹㄴ ㅂㄷ

5 어떤 일이 이루어지기를 바라고 기다리는 마음.

6 서로 가지고 있는 생각이나 뜻을 주고받음.

9 어떤 목적을 이루기 위하여 쓰는 방법이나 도구.

10 속담 사물의 내용이나 참뜻은 모르고 겉만 대강 알아보는 것을 비유하여 이르는 말. 초성 ㅅㅂ ㄱ ㅎㄱ

12 조선 세종 때 비의 양을 재기 위해 제작된 기구.

14 여러 번 오랫동안 되풀이하면서 몸에 밴 행동.

23 일차

생활 도구와 관련된 속담

공부한 날 월 일

정답 보기

• 미니북 92~95쪽

다음 속담의 뜻을 사다리를 타고 내려가 확인하세요.

등잔 밑이 어둡다

밑 빠진 독에 물 붓기

바늘 도둑이 소도둑 된다

자라 보고 놀란 가슴 솥뚜껑 보고 놀란다

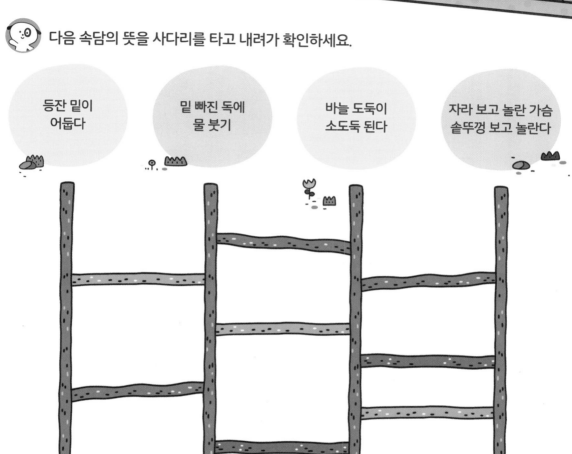

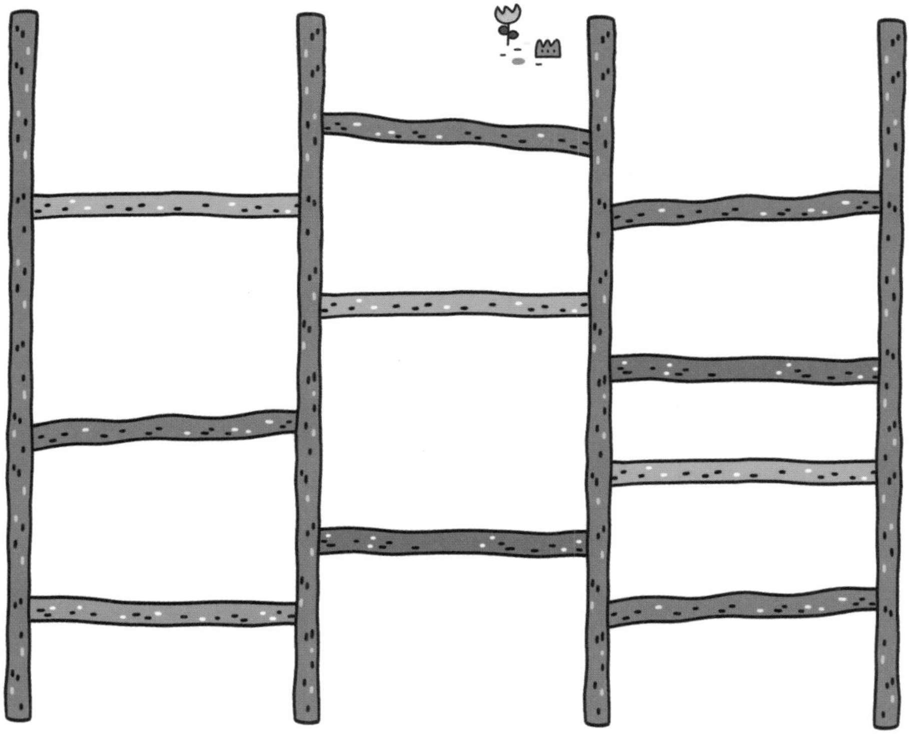

가까이 있는 것을 두고도 알아보지 못하거나, 가까이 있는 사람이 도리어 대상에 대하여 잘 알기 어렵다는 뜻이에요.

자라의 등딱지와 비슷하게 생긴 솥뚜껑만 보고도 놀란다는 말로, 무언가에 몹시 놀란 사람은 비슷한 것만 보아도 겁을 낸다는 뜻이에요.

밑바닥이 깨진 독에 물을 채울 수 없는 것처럼, 아무리 힘을 들여 노력해도 보람 없이 헛된 일이 되는 상태를 이르는 말이에요.

작은 나쁜 짓도 자꾸 하게 되면 나중에는 큰 죄를 저지르게 된다는 뜻이에요.

비슷한 속담 바늘 쌈지에서 도둑이 난다

주어진 속담의 뜻을 보고 이에 알맞은 속담을 게시판의 카드를 한 번씩만 사용하여 쓰세요.

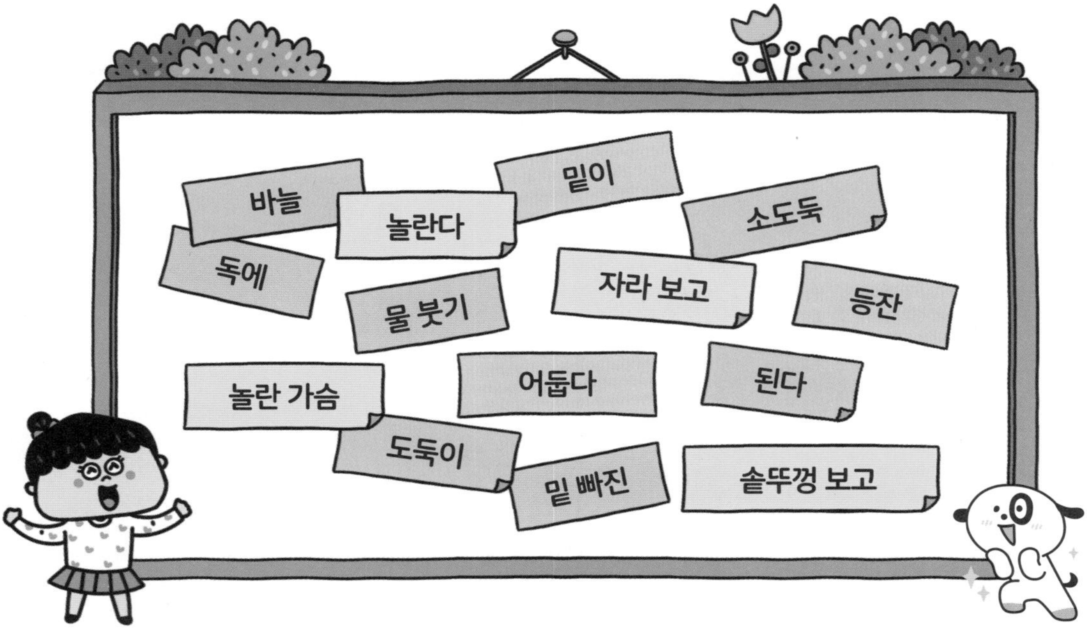

❶ 무언가에 몹시 놀란 사람은 비슷한 것만 보아도 겁을 낸다는 뜻.

➡ ______________________________

❷ 작은 나쁜 짓도 자꾸 하게 되면 나중에는 큰 죄를 저지르게 된다는 뜻.

➡ ______________________________

❸ 아무리 힘을 들여 노력해도 보람 없이 헛된 일이 되는 상태를 이르는 말.

➡ ______________________________

❹ 가까이 있는 것을 두고도 알아보지 못하거나, 가까이 있는 사람이 도리어 대상에 대하여 잘 알기 어렵다는 뜻.

➡ ______________________________

상황에 맞게 속담을 활용하였는지 판단하고, 길을 따라가서 받게 될 선물에 ○표를 하세요.

아래 열쇠를 보고 가로세로 퍼즐을 완성하세요.

연두색 칸에는
오늘 배운 속담이
들어가요.

가로 열쇠

- ㉠ 속담 무언가에 몹시 놀란 사람은 비슷한 것만 보아도 겁을 낸다는 뜻. 초성 ㅈㄹ ㅂㄱ ㄴㄹ ㄱㅅ ㅅㄸㄲ ㅂㄱ ㄴㄹㄷ
- 4 비나 눈이 오지 않는 맑게 갠 하늘. 예 ○○○○에 날벼락.
- 5 큰 산에서 길게 뻗어 나간 산의 줄기.
- 7 악보에서 곡의 어느 부분을 되풀이하여 연주하거나 노래하라고 지시하는 기호.
- 8 이른 봄에 잎보다 먼저 분홍색의 꽃이 피는 덤불 나무.
- 9 속담 가까이 있는 것을 두고도 알아보지 못하거나, 가까이 있는 사람이 도리어 대상에 대하여 잘 알기 어렵다는 뜻. 초성 ㄷㅈ ㅁㅇ ㅇㄷㄷ
- 12 조선 시대의 장군으로, 거북선을 제작함.
- 14 소금기가 있어 맛이 짜고 비릿한, 바다의 물.

세로 열쇠

- 1 돌아다니며 놀 수 있도록 여러 가지 시설이나 놀이 기구를 갖추어 놓은 곳.
- 2 속담 작은 나쁜 짓도 자꾸 하게 되면 나중에는 큰 죄를 저지르게 된다는 뜻. 초성 ㅂㄴ ㄷㄷㅇ ㅅㄷㄷ ㄷㄷ
- 3 속담 아무리 힘을 들여 노력해도 보람 없이 헛된 일이 되는 상태를 이르는 말. 초성 ㅁ ㅃㅈ ㄷㅇ ㅁ ㅂㄱ
- 6 문장 부호의 하나로, '……'의 이름임. 할 말을 줄이거나 말이 없음을 나타낼 때 씀.
- 10 기쁜 일이 있을 때 음식을 차려 놓고 여럿이 모여 즐기는 일. 예 남의 ○○에 감 놓아라 배 놓아라 한다.
- 11 '어린아이'를 대접하거나 격식을 갖추어 이르는 말.
- 13 신이 나서 우쭐우쭐하여지는 기분.

24 일차 생활 도구와 관련된 속담

공부한 날 월 일

정답 보기

• 미니북 96~99쪽

빈칸에 들어갈 낱말을 골라 ○표를 하고, 속담을 완성하세요.

☐ 놓고 기역 자도 모른다

기역 자 모양의 낫을 보면서도 기역 자를 모를 만큼 아주 무식하다는 것을 빗대어 한 말이에요.

낫 / 삽 / 톱

믿는 ☐☐에 발등 찍힌다

잘되리라고 굳게 믿고 있던 일이 어긋나거나, 믿고 있던 사람이 배신하여 오히려 피해를 입는다는 뜻이에요.

도끼 / 망치 / 송곳

빈 ☐☐가 요란하다

실력이나 가진 것이 없는 사람이 겉으로 더 아는 체하고 떠들어 댄다는 뜻이에요.

비슷한 속담 속이 빈 깡통이 소리만 요란하다

가마 / 마차 / 수레

☐☐로 막을 것을 가래로 막는다

일이 커지기 전에 쉽게 해결할 수 있었던 것을 내버려 두었다가 더 큰 힘을 들이게 된 경우를 이르는 말이에요.

쟁기 / 절구 / 호미

비밀이 숨겨져 있는 쪽지를 해독하여 어떤 속담인지 쓰세요.

다 는 막　로 래 가　을 것　을 막　로 미 호

❶

일이 커지기 전에 쉽게 해결할 수 있었던 것을 내버려 두었다가 더 큰 힘을 들이게 된 경우를 이르는 말.

ㄴ ㄴㄱ ㄱㅇ ㅈㄷ ㅁㄹㄷ

❷

기역 자 모양의 낫을 보면서도 기역 자를 모를 만큼 아주 무식하다는 것을 빗대어 한 말.

요 다 가 수 레 빈 란 하

❸

실력이나 가진 것이 없는 사람이 겉으로 더 아는 체하고 떠들어 댄다는 뜻.

❹

잘되리라고 굳게 믿고 있던 일이 어긋나거나, 믿고 있던 사람이 배신하여 오히려 피해를 입는다는 뜻.

속담을 알맞게 활용하였는지 판단하여 도착점의 기호를 쓰세요.

❶ 낫 놓고 기역 자도 모른다더니 선하는 가르쳐 준 적도 없는데 한글을 읽더라.

❷ 지아는 정말 좋은 친구야. 빈 수레가 요란하다고 공부도 열심히 하고 마음씨도 착해.

❸ 호미로 막을 것을 가래로 막는다고, 오늘 대청소를 하다가 예전에 잃어버렸던 반지를 찾았어.

❹ 아직 4학년인데 6학년 수학 문제도 척척 풀어내다니. 낫 놓고 기역 자도 모른다는 말이 정말 맞는 것 같아.

❺ 오늘 수학 단원 평가를 보았는데 형이 가르쳐 준 방법으로 문제를 풀었다가 전부 다 틀렸어. 믿는 도끼에 발등 찍혔지 뭐야.

칸을 이동하는 규칙

- ❶~❺의 번호 순서대로 속담을 활용한 예시를 확인하면서 이동해요.
- **속담을 알맞게 활용하였으면:** 오른쪽(→)으로 한 칸 이동해요.
- **속담을 알맞게 활용하지 못하였으면:** 아래쪽(↓)으로 한 칸 이동해요.

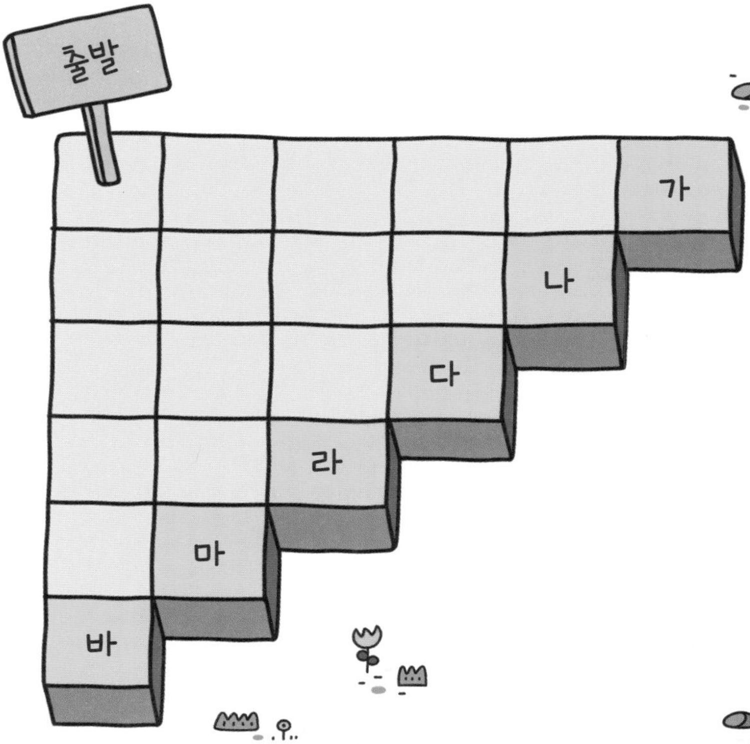

도착점의 기호는?

아래 열쇠를 보고 가로세로 퍼즐을 완성하세요.

연두색 칸에는
오늘 배운 속담이
들어가요.

가로 열쇠

1 나무나 풀의 큰 줄기에서 갈라져 뻗어 나간 작은 줄기.

3 믿는 마음. 예 그녀는 ○○이/가 가는 친구이다.

4 속담 아주 무식하다는 것을 빗대어 하는 말.

초성 ㄴ ㄴㄱ ㄱㅇ ㅈㄷ ㅁㄹㄷ

㉠ 속담 일이 커지기 전에 쉽게 해결할 수 있었던 것을 내버려 두었다가 더 큰 힘을 들이게 된 경우를 이르는 말.

초성 ㅎㅁㄹ ㅁㅇ ㄱㅇ ㄱㄹㄹ ㅁㄴㄷ

8 발로 밟은 자리에 남은 모양.

10 아버지의 친형제자매의 아들이나 딸.

11 사는 곳을 다른 데로 옮김.

13 사업을 계획하고 전문적으로 하는 사람.

14 어떤 일의 순서나 시간에서 맨 나중.

세로 열쇠

2 낱낱의 짚. 예 물에 빠지면 ○○○○(이)라도 잡는다.

3 속담 잘되리라고 굳게 믿고 있던 일이 어긋나거나, 믿고 있던 사람이 배신하여 오히려 피해를 입는다는 뜻.

초성 ㅁㄴ ㄷㄲㅇ ㅂㄷ ㅉㅎㄷ

5 '어려움에 처한 사람에게 도움을 주고 보호하는 역할을 하는 사람'을 빗대어 이르는 말.

6 속담 실력이나 가진 것이 없는 사람이 겉으로 더 아는 체하고 떠들어 댄다는 뜻. 초성 ㅂ ㅅㄹㄱ ㅇㄹㅎㄷ

7 '막내'를 귀엽게 이르는 말.

9 우리말의 낱말들을 어떤 기준으로 모아서 그 낱말들의 발음이나 뜻, 쓰임 등을 풀어서 설명한 책.

12 짙은 붉은빛이 도는 한복 치마.

25 일차 생활 도구와 관련된 속담

공부한 날 월 일

정답 보기

● 미니북 100~103쪽

알맞은 퍼즐 조각을 골라 빈칸에 쓰고, 속담을 완성하세요.

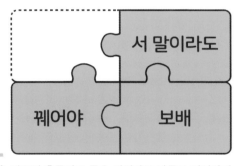

구슬이 / 코걸이 / 다홍치마 / 티가

( ) 서 말이라도 꿰어야 보배

아무리 훌륭하고 좋은 것이라도 다듬고 정리하여 쓸모 있게 만들어 놓아야 값어치가 있다는 말이에요.

비슷한 속담 진주가 열 그릇이나 꿰어야 구슬

귀에 걸면 귀걸이 코에 걸면 ( )

어떤 원칙이 정해져 있는 것이 아니라 둘러대기에 따라 이렇게도 되고 저렇게도 될 수 있다는 뜻이에요.

옥에도 ( ) 있다

아무리 훌륭한 사람 또는 좋은 물건이라 하여도 자세히 따지고 보면 사소한 흠은 있다는 말이에요.

같은 값이면 ( )

값이 같거나 같은 노력을 한다면 품질이 좋은 것을 택한다는 뜻이에요.

비슷한 속담 같은 값이면 껌정소 잡아먹는다

빈칸에 들어갈 알맞은 말을 낱말판에서 모두 찾아 색칠하세요. 색칠했을 때 나타나는 모양을 ❶~❹ 중에서 골라 ○표를 하세요.

'같은 값이면 다홍치마'는 값이 같거나 같은 노력을 한다면 품질이 ○○ 것을 택한다는 뜻이다.

'옥에도 티가 있다'는 아무리 훌륭한 사람 또는 좋은 물건이라 하여도 자세히 따지고 보면 사소한 ○은 있다는 말이다.

'구슬이 서 말이라도 꿰어야 보배'는 아무리 훌륭하고 좋은 것이라도 다듬고 정리하여 ○○ 있게 만들어 놓아야 값어치가 있다는 말이다.

'귀에 걸면 귀걸이 코에 걸면 코걸이'는 어떤 ○○이 정해져 있는 것이 아니라 둘러대기에 따라 이렇게도 되고 저렇게도 될 수 있다는 뜻이다.

낱말판

공	일	정	흠
같은	과정	관심	나쁜
낮은	보람	시간	쓸모
여유	원인	원칙	좋은

❶
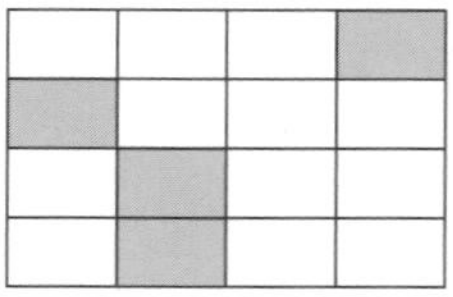

❷
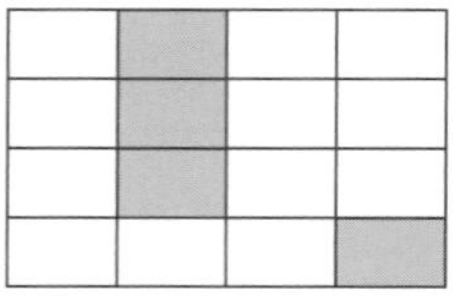

❸
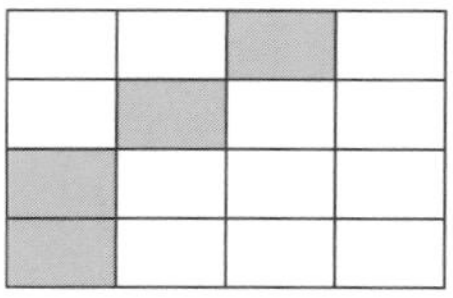

❹
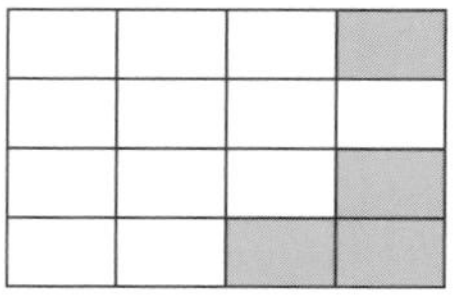

각각의 상황과 관련된 속담을 말한 친구가 그 땅을 차지할 수 있어요. 다음 중 가장 많은 땅을 차지하게 될 친구에게 ○표를 하세요.

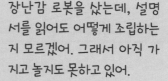

옥에도 티가 있다
같은 값이면 다홍치마
구슬이 서 말이라도 꿰어야 보배
귀에 걸면 귀걸이 코에 걸면 코걸이

선생님께서 분명 내가 피아노에 소질이 있다고 하셨는데 왜 실력이 늘지 않을까? 연습을 하지 않았기 때문일까?

학교에서 키우던 화분을 집에 가져와야 하는데 보조 가방이 없네. 작년에 쓰던 신발주머니를 가방으로 써야지.

이 연필과 저 연필이 모두 마음에 드는데, 가격도 똑같네? 이왕이면 지우개가 달려 있는 것으로 사야겠어.

내가 좋아하는 캐릭터가 그려진 우산을 선물 받아서 너무 좋아. 그런데 자동 우산이 아니라서 펼 때 조금 불편해.

엄마는 할머니께 최신 스마트폰을 선물해 드렸어. 그런데 할머니는 전화를 걸고 받을 때만 스마트폰을 사용하셔.

장난감 로봇을 샀는데, 설명서를 읽어도 어떻게 조립하는지 모르겠어. 그래서 아직 가지고 놀지도 못하고 있어.

엄마가 체력을 기르기 위해서는 운동을 해야 한대. 이왕이면 예전부터 배우고 싶었던 수영을 할래.

오빠와 게임을 하면 할 때마다 규칙이 바뀌어. 매번 오빠한테 유리한 쪽으로 둘러댄다니깐? 너무 얄미워.

우리 동네에 엄청 큰 어린이 도서관이 새로 생겼어. 책도 많고 시설도 좋은데 내가 좋아하는 만화책만 별로 없더라고.

아래 열쇠를 보고 가로세로 퍼즐을 완성하세요.

연두색 칸에는 오늘 배운 속담이 들어가요.

가로 열쇠

㉠ 속담 어떤 원칙이 정해져 있는 것이 아니라 둘러대기에 따라 이렇게도 되고 저렇게도 될 수 있다는 뜻.
초성 ㄱㅇ ㄱㅁ ㄱㄱㅇ ㅋㅇ ㄱㅁ ㅋㄱㅇ

2 오는 사람을 나가서 맞이함. 예 ○○을/를 나가다.

5 사람들이 다니도록 땅속으로 만들어 놓은 길.

6 서로 오랫동안 만나지 못하게 떨어져 있거나 헤어짐.

7 어두운 데를 밝히려고 등잔에 켠 불.

9 일이 생기게 된 원인이나 조건.

10 속담 값이 같거나 같은 노력을 한다면 품질이 좋은 것을 택한다는 뜻. 초성 ㄱㅇ ㄱㅇㅁ ㄷㅎㅊㅁ

12 등에 바늘처럼 단단하고 뾰족한 가시가 나 있고 주둥이가 돼지처럼 뾰족하고 다리가 짧은 작은 동물.

세로 열쇠

1 어린아이가 걸음을 익힐 때 발을 떼어 놓는 걸음걸이.

3 어떤 활동이나 현상의 중심이 되는 곳.

4 속담 아무리 훌륭한 사람 또는 좋은 물건이라 하여도 자세히 따지고 보면 사소한 흠은 있다는 말.
초성 ㅇㅇㄷ ㅌㄱ ㅇㄷ

㉡ 속담 아무리 훌륭하고 좋은 것이라도 다듬고 정리하여 쓸모 있게 만들어 놓아야 값어치가 있다는 말.
초성 ㄱㅅㅇ ㅅ ㅁㅇㄹㄷ ㄲㅇㅇ ㅂㅂ

8 화약을 쏘아 올려 공중에서 불꽃이 일어나게 하는 일.

9 온몸이 검고 '까옥까옥'하고 우는 큰 새.

11 일정한 값에 해당하는 분량이나 가치.

12 외국에서 들어온 말이 아닌, 본래부터 가지고 있는 말.

속담
찾아보기

속담 찾아보기

MEMO

49

그냥 지나칠 수 없지

여기 맛집이래. 들렀다 가자.
이게 웬 떡 방앗간
맛있겠다! 빨리 들어가자.

참새가 방앗간을 그저 지나랴

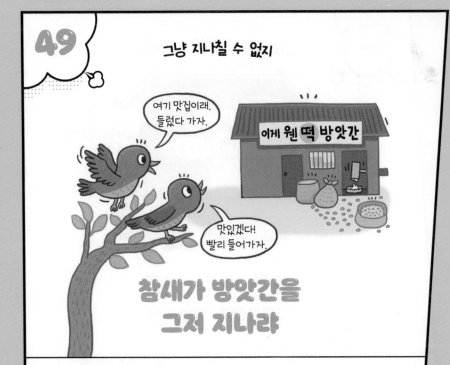

옛날 방앗간에서는 방아로 곡식을 찧거나 빻았어요. 그래서 방앗간에는 곡식이 많았죠. 곡식을 좋아하는 참새가 방앗간을 그냥 지나칠 수 없는 것처럼, 자기가 좋아하거나 자기에게 이익이 되는 것을 그냥 지나치지 못함을 비유하여 이르는 말이에요.

음, 맛있는 떡볶이 냄새! 참새가 방앗간을 그저 지나갈 수 없지. 얘들아, 우리 떡볶이 먹고 가자.

50

조심해서 나쁠 건 없잖아

돌다리도 두들겨 보고 건너라

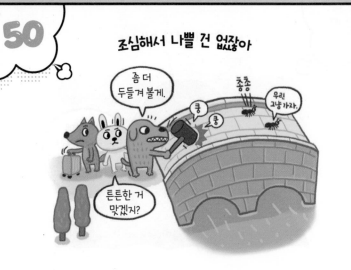

단단한 돌다리는 쉽게 무너지지 않아요. 그래도 튼튼한지 확인하고 건너면 더욱 안전하겠죠? 즉, 잘 아는 일이라도 꼼꼼하게 주의를 기울이라는 뜻이에요.

내일 가져갈 준비물을 아까 다 챙겨 놓긴 했는데……. 돌다리도 두들겨 보고 건너라고 했으니까 다시 한번 확인하고 자야지.

51

보이는 게 다가 아니야

우물 안 개구리

깊고 좁은 우물 안에 사는 개구리는 우물 안에서 보는 것이 세상의 전부라고 생각할 거예요. 이처럼 넓은 세상을 알지 못하거나, 자기가 보고 들은 것이 전부라고 생각하는 사람을 뜻하는 말이에요.

● 우물: 물을 길어 사용하기 위해 땅을 파서 지하수를 고이게 한 곳.

내가 피아노를 꽤 잘 친다고 생각했는데 대회에 나가서 아무런 상도 못 받았어. 그동안 난 우물 안 개구리였나 봐.

48

나도 모르게 저절로 외워지네

서당 개 삼 년에 풍월을 읊는다

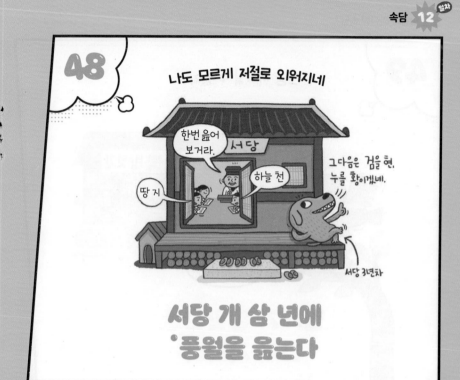

서당에 있는 개도 삼 년 동안 매일 글 읽는 소리를 듣다 보면 글 읽는 소리를 내게 된다는 뜻이에요. 즉, 아는 것이 없는 사람도 한 분야에 오래 있으면 자연스럽게 지식과 경험이 쌓이게 된다는 말이에요.

● 풍월: 아름다운 자연.

서당 개 삼 년에 풍월을 읊는다더니 집에서 언니가 따라 부르던 아이돌 노래를 매일매일 듣다 보니 나도 덩달아 가사를 외우게 되었어.

47

계속 얘기해도 소용없어

쇠귀에 °경 읽기

소의 귀에 대고 아무리 열심히 불경을 읽어 주어도 소는 전혀 알아듣지 못해요. 이처럼 아무리 가르치고 일러 주어도 그것에 관심이 없거나 둔한 사람은 전혀 알아듣지 못함을 뜻하는 말이에요.

● 경: '불경'의 줄임말로, 불교의 기본이 되는 가르침을 적은 책.

윤아야, 벗어 놓은 양말 정도는 빨래 통에 넣어줄 수 있겠니? 매번 얘기해도 고쳐지지 않으니 쇠귀에 경 읽기 같구나.

52

원인 없는 결과는 없지

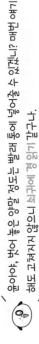

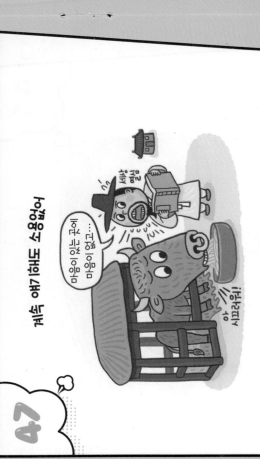

아니 땐 굴뚝에 연기 날까

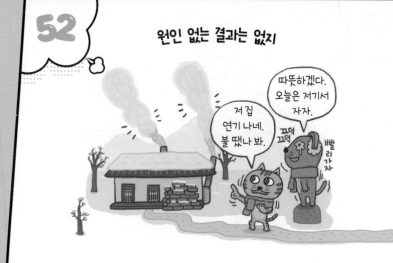

굴뚝에서 연기가 나려면 아궁이에 장작을 넣고 불을 때야 해요. 불을 피우지 않으면 연기가 나지 않지요. 즉, 원인이 없으면 결과도 없다는 뜻이에요. 모든 일에는 그에 대한 원인이 있기 마련이지요.

너 수업 시간에 몰래 과자 먹었지? 네 입 주변에 과자 부스러기가 다 묻어 있는 걸. 아니 땐 굴뚝에 연기 나겠냐고.

53

금쪽같은 내 새끼

예쁜 우리 아가,
털도 부드럽지.
응?
쓰담
쓰담

고슴도치도 제 새끼는 •함함하다고 한다

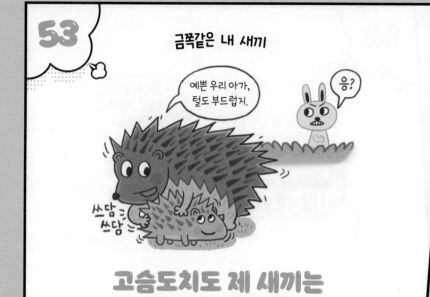

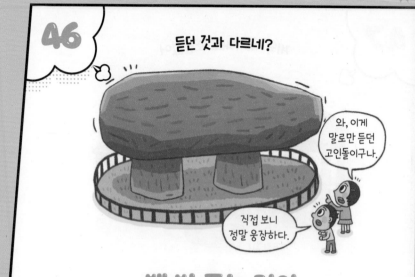

털이 바늘같이 꼿꼿한 고슴도치도 자기 새끼의 털은 부드럽다고 쓰다듬어요. 사람도 마찬가지로 어느 부모든 자기 자식은 다 잘나고 귀여워 보인다는 뜻이에요.

● 함함하다: 털이 보드랍고 반지르르하다.

앞머리를 너무 짧게 잘랐더니 이상해. 그런데도 우리 아빠는 내가 최고 예쁘대. 그래서 고슴도치도 제 새끼는 함함하다고 하나 봐.

46

듣던 것과 다르네?

백 번 듣는 것이 한 번 보는 것만 못하다

어떤 대상에 대해 아무리 여러 번 설명을 들어도 실제로 직접 한 번 보는 것만 못하겠죠? 여러 번 말로 듣기만 하는 것보다 직접 눈으로 보는 것이 확실하다는 말이에요.

백 번 듣는 것이 한 번 보는 것만 못하다고 설명으로만 들었을 때는 이해가 잘 안 됐었는데 직접 체험해 보니 이제 확실히 알겠어.

45

왠지 느낌이 와

하나를 보고 열을 안다

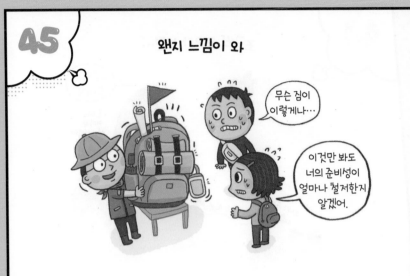

어떤 사람의 말과 행동을 보면 대략 그 사람의 성품이 어떤지 가늠할 수 있을 때가 있어요. 이처럼 일부만 보고도 전체를 미루어 짐작할 수 있다는 뜻이에요.

준하는 글씨를 또박또박 잘 쓰는구나. 하나를 보고 열을 안다고 바른 글씨체만 봐도 성실한 학생일 것 같은 느낌이 드는데?

54

마음보를 좋게 써야지

사촌이 땅을 사면 배가 아프다

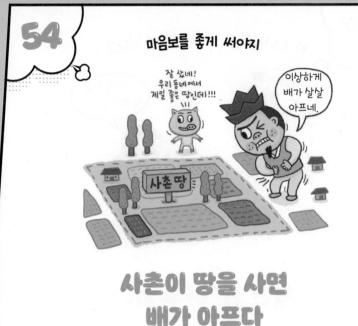

가까운 사촌이 땅을 사면 샘이 나서 멀쩡하던 배가 아프다는 말로, 남이 잘되는 것을 기뻐해 주지는 않고 오히려 질투하고 시기한다는 뜻이에요.

내 친구 서준이가 회장이 되었다는 소식을 듣고도 모른 체했어. 사촌이 땅을 사면 배가 아프다더니 나도 모르게 질투가 났나 봐.

55 뭐 하나라도 더 해 본 사람이 낫다고…

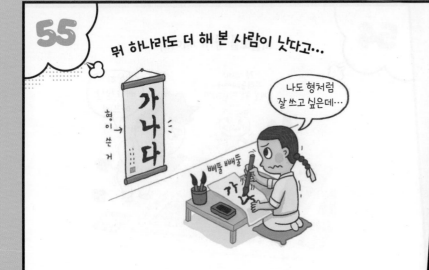

형만 한 °아우 없다

나이가 어리다고 해도 먼저 태어난 형이 동생보다 보고 겪은 것이 아무래도 더 많을 거예요. 지식이나 경험이 많은 만큼 모든 일에 있어 형이 아우보다는 모범이 되고 낫다는 말이에요.

● 아우: 형제 중에서 상대적으로 나이가 적은 사람.

나는 더 열심히 공부할 거야. 그래서 형만 한 아우 없다는 얘기가 나오지 않도록 해야겠어.

44 조금씩 모으다 보면…

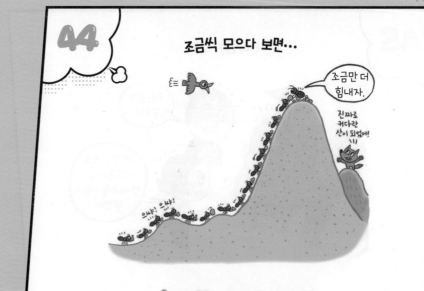

°티끌 모아 태산

아주 작은 티끌을 얼마나 모아야 산이 될까요? 아무리 작은 티끌이라도 쌓고 또 쌓으면 언젠가는 커다란 산이 될 수 있어요. 이처럼 아무리 작은 것이라도 모이고 모이면 나중에 큰 것이 됨을 비유하여 이르는 말이에요.

● 티끌: 먼지처럼 아주 작은 부스러기.

티끌 모아 태산이라고 심부름을 하고 받은 동전을 모았더니 어느새 저금통이 꽉 찼어. 너무 신나!

43

시작을 했으면 반은 성공이야

천 리 길도 한 걸음부터

머나먼 천 리 길을 가려고 해도 먼저 첫걸음을 떼야 해요. 마찬가지로 무언가를 이루려면 작은 것부터 하나하나 시작하는 것이 중요하지요. 이처럼 무슨 일이든 그 일의 시작이 중요하다는 뜻이에요.

● 리: 땅 위의 거리를 나타내는 단위로, 1리는 약 393 m임.

시작도 하기 전에 겁먹을 필요 없어. 천 리 길도 한 걸음부터라고 천천히 하나씩 해 나가면 돼.

56

둘 다 좋으면 좋지 뭐

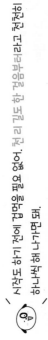

누이 좋고 매부 좋다

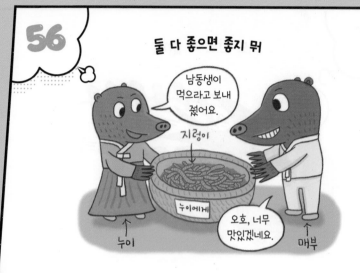

누이에게 좋은 일이라면 누이의 남편인 매부에게도 당연히 좋은 일이겠죠? 이처럼 어떤 일이 양쪽 모두에게 다 이롭고 좋다는 말이에요.

● 누이: 남자의 여자 형제.

바자회에서 모자를 팔고 책을 사왔어. 누군가는 내 모자를 잘 쓰겠지? 이게 바로 누이 좋고 매부 좋은 일이지.

57

나도 한번 가 볼까?

넌 왜 자꾸 따라와?
나도 너 따라서 강남 가려고.
강남가는 길

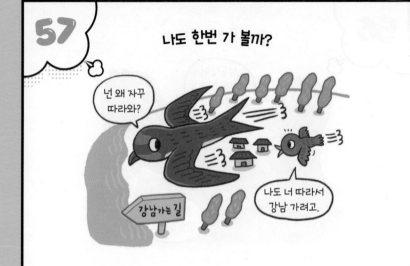

친구 따라 강남 간다

'강남'은 중국 양쯔강의 남쪽 지역으로, 아주 먼 지역을 표현할 때 쓰는 말이에요. 이 속담은 친구가 가는 곳이면 먼 곳이라고 해도 무작정 따라간다는 뜻으로, 자신은 하고 싶지 않으나 남에게 이끌려 덩달아 하게 될 때 쓰는 말이에요.

너 춤추는 거 안 좋아하잖아. 친구 따라 강남 간다고 단짝 소은이가 방송 댄스반에 간다고 하니까 너도 같이 따라왔구나.

42

버릇은 고치기 쉽지 않아

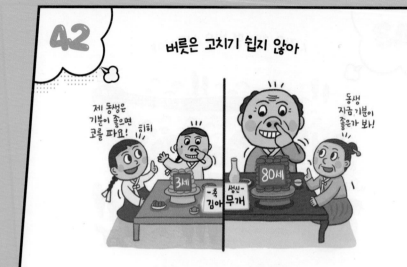

세 살 적 버릇이 여든까지 간다

어릴 때 몸에 밴 버릇은 늙어서도 쉽게 고치기 어렵다는 뜻이에요. 즉, 어릴 때부터 나쁜 버릇이 들지 않도록 잘 가르쳐야 함을 비유하여 이르는 말이에요.

손톱을 물어뜯는 버릇은 빨리 고치는 게 좋아. 세 살 적 버릇이 여든까지 간다고 하잖아.

41

고생 끝, 행복 시작

고생 끝에 °낙이 온다

어려운 일이나 고된 일을 겪은 뒤에는 반드시 즐겁고 좋은 일이 생긴다는 뜻으로, 지금은 힘들고 어려워도 꾸준히 노력하면 좋은 일이 생길 거라는 희망을 주는 말이에요.

● 낙: 살아가는 데서 느끼는 즐거움이나 재미.

지금 받는 훈련이 힘들어도 포기하지 마. 고생 끝에 낙이 온다고 날마다 꾸준히 연습하면 훌륭한 야구 선수가 될 수 있을 거야.

58

너는 내 운명

°짚신도 제짝이 있다

짚신은 옛날에 서민들이 흔히 신던 신발이에요. 이렇게 흔하고 보잘것없는 신발도 짝이 있다는 말로, 사람도 누구나 자신에게 어울리는 짝이 있다는 뜻이에요.

● 짚신: 옛날 사람들이 신던, 볏짚을 꼬아 만든 신발.

짚신도 제짝이 있다더니 노총각 삼촌이 드디어 결혼을 하신대.

59

이상하게 더 좋아 보여

남의 손의 떡은 커 보인다

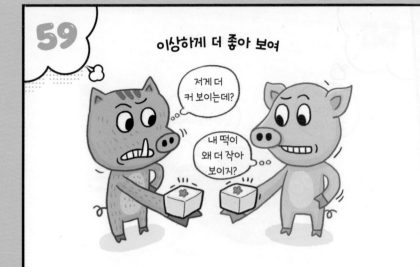

똑같은 물건인데 왠지 내가 가진 것보다 친구의 것이 좋아 보일 때가 있어요. 이런 마음이 드는 것은 내 것에 만족하지 못하기 때문이지요. 이처럼 내 것보다 남의 것이 더 좋아 보이고, 내 일보다 남의 일이 더 쉬워 보임을 비유하여 이르는 말이에요.

오늘 급식 메뉴는 맛있는 돈가스! 그런데 남의 손의 떡은 커 보인다고 짝꿍이 받은 돈가스가 내 것보다 왜 더 커 보일까?

40

노력은 헛되지 않아

공든 탑이 무너지랴

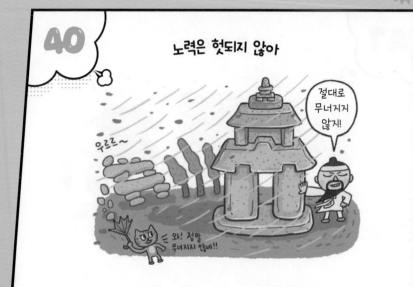

온 힘과 정성을 다해 차곡차곡 쌓은 탑은 튼튼하기 때문에 쉽게 무너지지 않아요. 이처럼 온 힘과 정성을 다한 일은 그 결과가 반드시 헛되지 아니함을 비유하여 이르는 말이에요. 무슨 일이든 최선을 다하면 결과가 좋고, 후회가 생기지 않아요.

일 년 동안 열심히 연습했으니까 이번 전국 체육 대회에서 우리 팀이 우승할 수 있을 거야. 공든 탑이 무너질 리 없어!

39

도와주지는 못할망정!

불난 집에 부채질한다

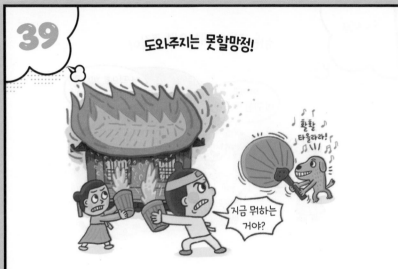

불이 난 집에 부채질을 하면 어떻게 될까요? 아마도 불길이 더 활활 타오르게 될 거예요. 마찬가지로 다른 사람이 어려움을 겪을 때 눈치 없는 말이나 행동을 하여 더욱 화나게 하거나, 남의 재앙을 점점 더 크게 만들 때 하는 말이에요.

미술 대회에서 상을 받지 못해서 너무 속상했는데, 오빠가 그건 내가 그림을 못 그렸기 때문이래. 불난 집에 부채질하다니…….

60

이래서 이웃사촌이라 하나 봐

먼 사촌보다 가까운 이웃이 낫다

이웃은 나와 가까이 사는 사람을 말해요. 자주 만날 수 있기 때문에 서로에게 생긴 슬픈 일이나 기쁜 일을 금방 알 수 있죠. 이웃끼리 서로 친하게 지내다 보면 먼 곳에 있는 친척보다 더 가깝게 되어 서로 도우며 살게 된다는 뜻이에요.

부모님이 일 때문에 늦게 오셔서 옆집 아주머니가 저녁을 챙겨 주셨어. 이래서 먼 사촌보다 가까운 이웃이 낫다고 하나 봐.

61

나한테 왜 이래

병 주고 약 준다

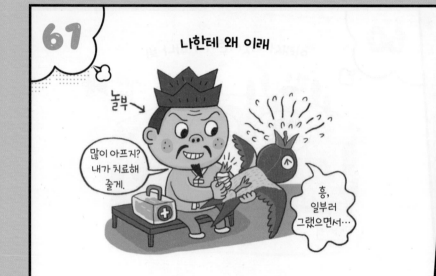

자기가 병이 나게 만들어 놓고 어루만지거나 약을 주며 도와주는 척하는 사람이 있어요. 이처럼 남을 해치고 나서 약을 주며 위해 주는 척한다는 뜻이에요.

장난꾸러기 현수가 발을 걸어서 넘어졌어. 무릎이 까져서 속상해 하고 있었는데 미안하다며 반창고를 주네. 병 주고 약 주는 걸까?

38

하는 김에 해치우면 좋잖아

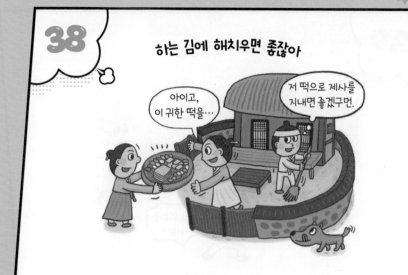

아이고, 이 귀한 떡을…
저 떡으로 제사를 지내면 좋겠구먼.

떡 본 김에 제사 지낸다

옛날에는 집안에 중요한 일이 있어야 떡을 만들었어요. 그만큼 귀한 음식인 떡이 생긴 김에 제사를 지낸다는 것은 좋은 기회가 왔을 때 한꺼번에 일을 해낸다는 뜻이에요. 즉 우연히 운 좋은 기회에, 하려던 다른 일을 해치운다는 말이에요.

구강 검진을 하러 치과에 왔어. 그런데 엄마가 떡 본 김에 제사 지낸다고 충치 치료도 같이 해야 한대.

37

생각지도 못했는데…

가는 날이 °장날

다른 일을 보러 갔는데 생각지도 않았던 장이 서는 날이라는 뜻으로, 어떤 일을 하려고 하는데 뜻하지 않은 일과 우연히 마주치게 됨을 비유하여 이르는 말이에요.

● 장: 많은 사람이 모여 여러 가지 물건을 사고파는 곳.

가는 날이 장날이라더니 체험 학습 가는 날만 손꼽아 기다렸는데…….
왜 하필 오늘 비가 오는 걸까?

62

먼저 건드리지 말랬잖아

난 겨우 꿀밤 한 대 때렸을 뿐인데…
깨개갱

되로 주고 말로 받는다

'되'와 '말'은 주로 곡식의 양을 잴 때 사용하는 단위예요. '한 되'의 열 배가 '한 말'이지요. 이 속담은 조금 주고 더 많은 대가를 받는다는 뜻이에요. 조금 주었는데 생각지도 못하게 많이 받은 좋은 상황에서도 쓰이지만, 남을 골탕 먹이려다가 자신이 더 크게 당한다는 뜻으로도 많이 쓰여요.

형한테 장난으로 물총을 쐈거든. 그랬더니 형은 양동이에 물을 가득 떠 와서
나한테 뿌리더라고. 완전히 되로 주고 말로 받았어.

63

어차피 다 돌아오게 되어 있어

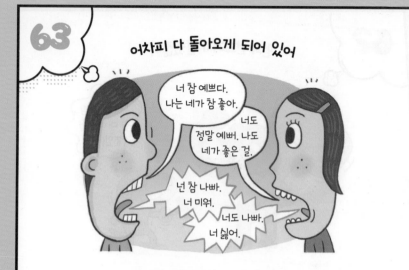

가는 말이 고와야 오는 말이 곱다

나는 친구에게 밉게 행동하고 예쁘게 말하지 않으면서 친구는 나에게 잘 대해 주기를 바라면 안 되겠죠? 내가 남에게 말이나 행동을 좋게 해 주어야 남도 나에게 좋게 해 준다는 뜻이에요.

가는 말이 고와야 오는 말이 곱다고 하잖아. 네가 먼저 동생에게 잘해 주면 동생도 너한테 함부로 하지 않을 거야.

36

이제 와서 무슨 소용이야?

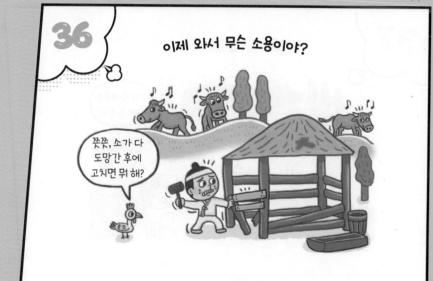

소 잃고 외양간 고친다

외양간은 소나 말을 기르는 곳이에요. 소는 농사일을 할 때 중요한 가축이므로, 잘 보살펴야 하지요. 그런데 소가 없어진 후에야 외양간을 고치면 무슨 의미가 있을까요? 이처럼 일이 이미 잘못된 후에는 손을 써도 소용이 없다는 뜻이에요.

아무런 보호 장구 없이 자전거를 타면 크게 다칠 수 있어. 소 잃고 외양간 고치지 말고 지금부터라도 헬멧이랑 보호대를 꼭 착용하고 자전거를 타도록 해.

35 너 자신을 알라

똥 묻은 개가 •겨 묻은 개 나무란다

똥은 더럽고 고약한 냄새를 풍기지만, 곡식의 부스러기인 겨는 더러운 것이 아니에요. 이 속담은 자기는 더 큰 흉이 있으면서 도리어 남의 작은 잘못을 흉본다는 말이에요.

● 겨: 곡식을 찧을 때 낟알에서 떨어져 나온 속껍질의 부스러기.

하람이가 시금치를 먹지 않는 나에게 편식쟁이라고 놀렸어. 그런데 똥 묻은 개가 겨 묻은 개 나무란다고, 하람이는 채소를 아예 안 먹어.

64 아무래도 둘이 낫지?

•백지장도 맞들면 낫다

종이처럼 가벼운 물건도 여럿이 함께 들면 조금이라도 쉽게 옮길 수 있어요. 이처럼 아무리 쉬운 일이라도 함께하면 훨씬 수월하게 할 수 있다는 말이에요.

● 백지장: 하얀 종이 한 장.

시영아, 그 상자 체육관에 가져가려고? 나랑 같이 들자. 백지장도 맞들면 낫다고 하잖아.

65

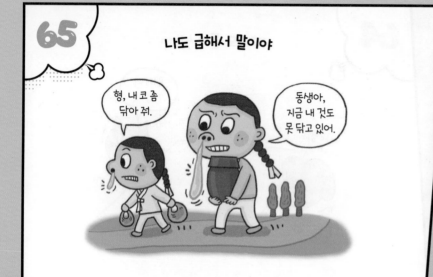

나도 급해서 말이야

내 코가 석 •자

지금 내 코에 길게 흐르고 있는 콧물을 닦지도 못하고 있다면 다른 사람을 챙길 여유가 없을 거예요. 이처럼 내 상황이 급하고 어려워서 남의 어려운 사정을 도와줄 여유가 없다는 뜻이에요.

●자: 길이를 나타낼 때 쓰는 단위로, 한 자는 약 30 cm임.

받아쓰기 연습은 이따가 도와주면 안 될까? 언니도 지금 해야 할 숙제가 엄청 많거든. 내 코가 석 자라 우선 숙제 끝내고 나서 해 줄게.

34

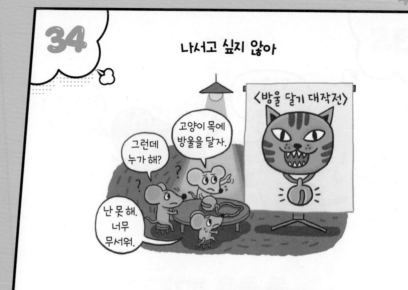

나서고 싶지 않아

고양이 목에 방울 달기

고양이 목에 방울을 달면 쥐들은 이 소리를 듣고 미리 도망칠 수 있을 거예요. 그런데 쥐가 직접 고양이의 목에 방울을 달아야 한다면 어떨까요? 이는 자신의 목숨을 건 일이기 때문에 누구든 먼저 나서지 않을 거예요. 이처럼 실행하기 어려운 일을 두고 의논만 한다는 말이에요.

고양이 목에 방울 달기인 일이라고 자꾸 핑계를 대며 포기하려고 하지 말고, 우리 다른 대안을 찾아보자. 내가 도와줄게.

33

그저 바라만 볼 뿐

닭 쫓던 개 지붕 쳐다보듯

개에게 쫓기던 닭이 지붕 위로 도망가면 어떻게 될까요? 닭처럼 높은 곳까지 올라갈 수 없는 개는 그저 바닥에서 지붕 위의 닭을 쳐다볼 수밖에 없을 거예요. 이렇게 애써 하던 일이 실패로 돌아가거나 헛수고가 되어 맥이 빠진 모양을 비유하여 이르는 말이에요.

엄마를 졸라서 풍선을 샀는데, 그만 손잡이를 놓쳐서 풍선이 저 멀리 날아가 버렸어. 닭 쫓던 개 지붕 쳐다보듯 하늘만 바라봤어.

66

언제나 정직하게

입은 비뚤어져도 말은 바로 하랬다

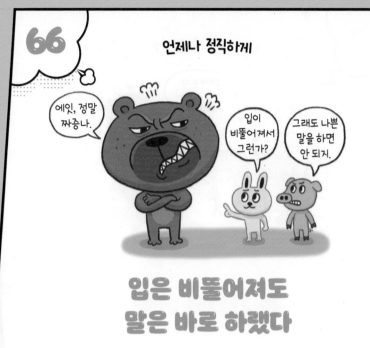

입이 비뚤어져 있으면 말하기 힘들겠죠? 이렇게 말을 제대로 하기 힘든 상황이어도 올바른 말을 해야 한다는 말이에요. 즉, 내 상황이 어떻든지 언제나 옳고 바른말을 해야 한다는 뜻이에요.

네가 수업 시간에 장난친 걸 내가 다 봤는데 왜 다른 친구가 했다고 거짓말을 하니? 입은 비뚤어져도 말은 바로 하랬어.

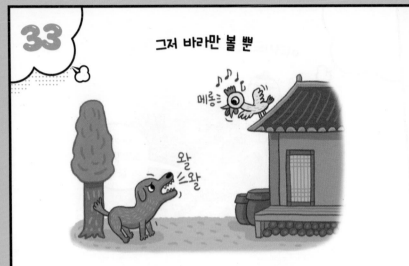

67

내가 모를 줄 알고?

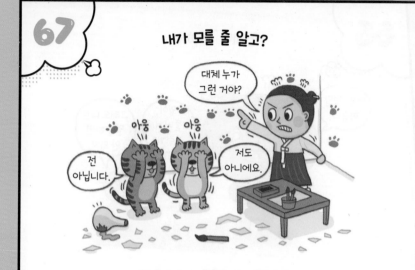

눈 가리고 아웅

'아웅'은 '까꿍'과 비슷한 말로, 어린 아기를 어르기 위해 얼굴을 손으로 가리고 있다가 떼면서 내는 소리예요. 눈을 가리고 아기를 속이는 놀이처럼, 무슨 일이 일어났는지 다 알고 있는데 어설프게 꾀를 내어 남을 속이려고 할 때 쓰는 말이에요.

피구 시합을 하는데 심판을 맡은 친구가 반칙하는 친구를 보고도 못 본 체 하더라고. 눈 가리고 아웅 하는 것인 줄도 모르고 말이야.

32

이러지도 못하고, 저러지도 못하고…

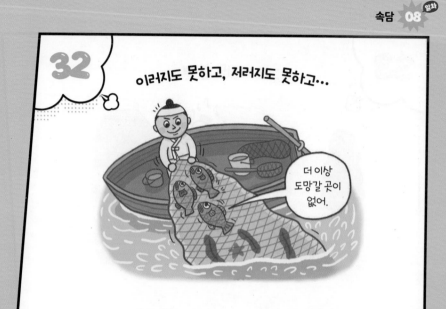

그물에 걸린 고기 신세

어부의 그물에 잡힌 고기는 더 이상 피할 곳이 없어요. 그래서 이러지도 저러지도 못하고, 그물에 걸려 있을 뿐이죠. 이렇게 이미 잡혀서 옴짝달싹 못하는 상황을 나타내는 말이에요.

추석에 시골 할머니 댁에 가는데 차가 너무 많이 막혔어. 차들로 꽉 막힌 고속도로 위에 있는 모습이 마치 그물에 걸린 고기 신세 같았어.

31

괜히 껴서 이게 뭐람

고래 싸움에 새우 등 터진다

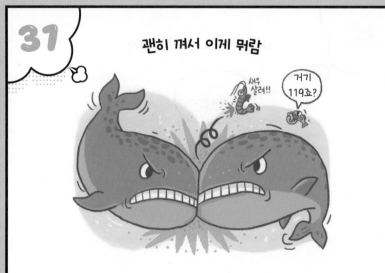

바다에서 커다란 고래들이 싸우고 있는데, 조그마한 새우가 이들 사이에 끼면 어떻게 될까요? 아마도 살아남기 힘들 거예요. 이렇듯 강한 사람들끼리 싸우는 틈에서 아무 상관도 없는 약한 사람이 중간에 끼어 피해를 입게 된다는 뜻이에요.

누나가 스마트폰 게임을 너무 많이 해서 나까지 스마트폰 금지령이 내려졌어. 고래 싸움에 새우 등 터진다더니, 너무 억울해.

68

속이 다 시원하네

앓던 이 빠진 것 같다

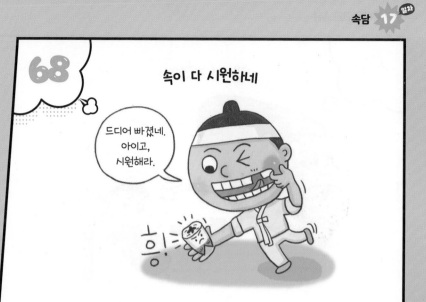

이가 아프면 찌릿한 통증이 느껴져 밤낮으로 괴로울 거예요. 이렇게 아픈 이가 있어서 고생하다가 쑥 빼고 나면 시원하겠죠? 아픈 이가 쑥 빠져나간 것처럼 걱정하던 일이 해결되거나 없어져서 속이 후련하다는 뜻이에요.

드디어 밀린 일기를 다 썼어. 다음 주가 개학이라 마음이 무거웠는데 앓던 이 빠진 것 같이 너무 후련해.

69

이랬다가 저랬다가

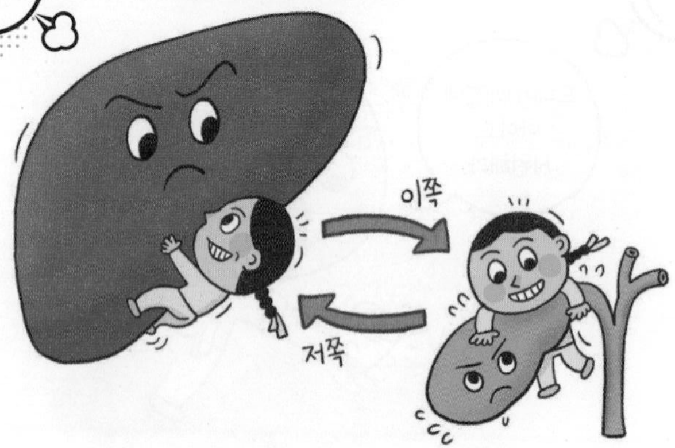

간에 붙었다 쓸개에 붙었다 한다

간과 쓸개는 우리 몸의 중요한 기관으로, 쓸개는 간 바로 밑에 있어요. 이렇게 서로 가까이에 있다 보니 간에 붙었다 쓸개에 붙었다 한다는 말이 생겼어요. 즉 여기에 붙었다 저기에 붙었다 하듯이, 자기에게 유리한 쪽으로 편을 바꾼다는 뜻이에요.

너 2모둠 아니야? 잘하는 친구들이 3모둠에 모여 있으니깐 이쪽으로 오려고? 그렇게 간에 붙었다 쓸개에 붙었다 하면 안 돼.

30

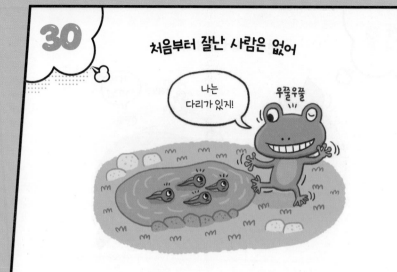

처음부터 잘난 사람은 없어

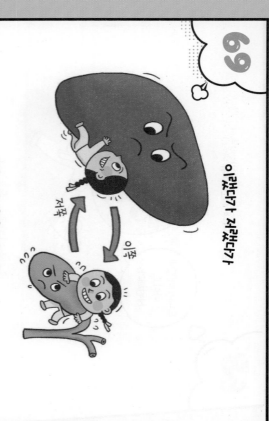

개구리 올챙이 적 생각 못 한다

개구리에게 올챙이 시절이 있었던 것처럼, 누구에게나 서툴었던 시절이 있었을 거예요. 이러한 과거가 없다면 현재도 없으니, 늘 겸손해야 하지요. 이 속담은 형편이 전에 비하여 나아진 사람이 어려웠던 때는 생각하지 못하고 처음부터 잘났던 것처럼 뽐냄을 비유하여 이르는 말이에요.

개구리 올챙이 적 생각 못 하고 동생이 줄넘기를 잘 못한다고 놀리면 되겠니? 너도 동생처럼 어렸을 때는 줄넘기 못했었잖아.

29

나는 네 편이야

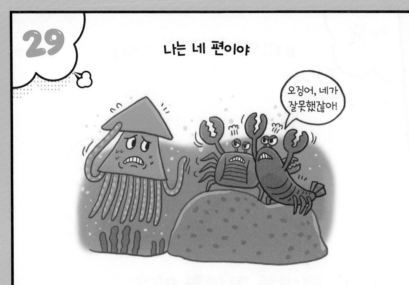

가재는 게 편

가재와 게는 공통점이 많아요. 둘 다 집게발을 가지고 있고, 몸이 딱딱한 껍데기로 싸여 있어요. 이렇게 비슷한 점이 많으면 서로 가까워지기 쉽겠죠? 이렇듯 사람도 자기와 가깝거나 처지가 비슷한 사람의 편을 든다는 뜻이에요.

급식실에서 싸움이 났어. 분명 시우가 잘못한 일인데, 가재는 게 편이라고 다현이는 같은 반 친구인 시우의 편부터 들더라고.

70

왜 이게 더 크지?

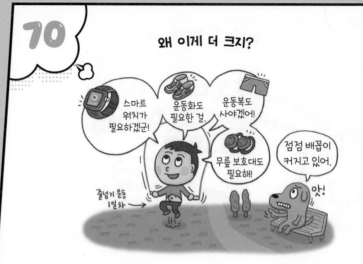

배보다 배꼽이 더 크다

배보다 배꼽이 더 클 수는 없겠죠? 작아야 할 것이 더 크고, 적어야 할 것이 더 많다는 것을 비유하여 이르는 말로, 기본이 되는 것보다 덧붙이는 것이 더 많다는 뜻이에요.

과자를 샀는데 커다란 상자 안에 정작 과자는 몇 개 안 들어 있더라. 완전히 배보다 배꼽이 더 큰 느낌이야.

71

퍼지는 건 순식간이야

발 없는 말이 천 리 간다

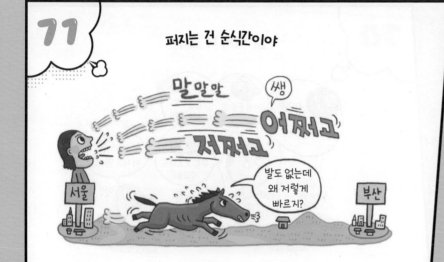

한 번 내뱉은 말은 쉽게 소문이 날 수 있어요. 이처럼 사람의 입에서 나온 말은 비록 천 리를 달릴 수 있는 천리마처럼 빨리 달릴 수 있는 발이 없지만, 천 리 밖까지도 순식간에 퍼진다는 뜻이에요. 말은 쉽게 퍼질 수 있으니 할 때마다 주의해야 해요.

발 없는 말이 천 리 간다더니 내가 과학 경시대회에 나가서 상을 받은 걸 이모가 벌써 아시고는 축하 문자를 보내 주셨어.

28

무조건 따라 한다고 되는 게 아냐

뱁새가 황새를 따라가면 다리가 찢어진다

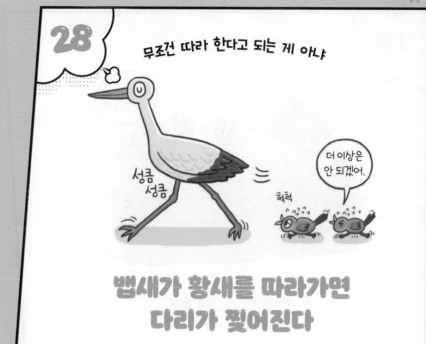

몸집이 작고 다리가 짧은 뱁새가 아무리 빨리 걷는다고 해도, 몸집이 크고 다리가 긴 황새를 따라가기는 힘들지요. 즉, 자신의 능력에 비해 힘에 겨운 일을 억지로 하면 도리어 해만 입는다는 말이에요.

태권도장에서 검은 띠인 오빠를 따라서 송판 격파에 도전했어. 그런데 뱁새가 황새를 따라가면 다리가 찢어진다고, 흰 띠인 나는 손만 아팠어.

27

이게 웬 횡재야

꿩 먹고 알 먹는다

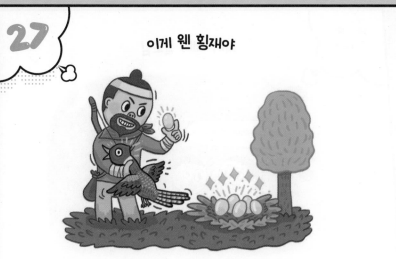

모성애가 강한 동물인 꿩은 알을 품고 있을 때는 사람이 다가와도 도망가지 않는대요. 그래서 알을 품고 있는 꿩을 잡으면 꿩도 잡고, 알도 얻을 수 있다고 해요. 이처럼 한 가지 일을 하여 두 가지 이상의 이익을 얻는다는 뜻이에요.

책상 정리를 했더니 잃어버렸던 천 원도 찾고, 부모님께 칭찬도 들었어. 꿩 먹고 알 먹는다는 상황이 이런 건가 봐.

72

모두 다 귀하고 소중해

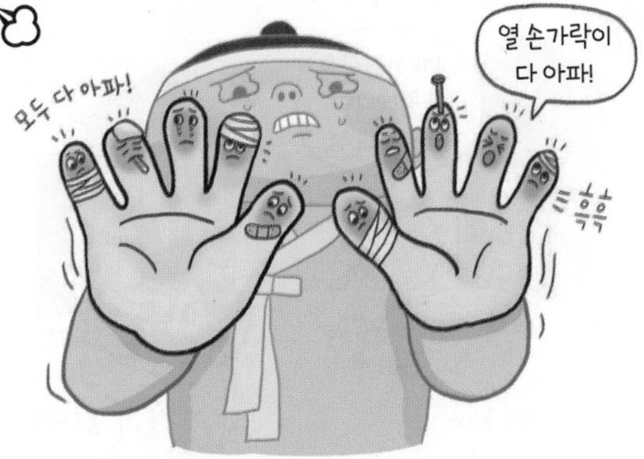

열 손가락 깨물어 안 아픈 손가락이 없다

열 개의 손가락 중 어느 것을 깨물든지 아프지 않은 손가락은 없을 거예요. 부모에게 자식도 마찬가지예요. 자식이 몇 명이든 모두 다 귀하고 소중하다는 뜻이에요.

우리 엄마는 열 손가락 깨물어 안 아픈 손가락이 없다면서 언니랑 나, 동생을 모두 똑같이 사랑한다고 하셨어.

73

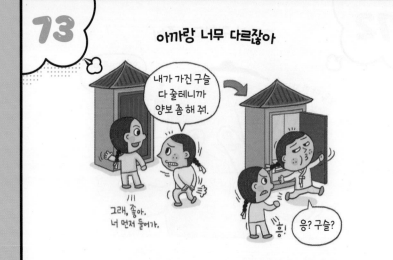

아까랑 너무 다르잖아

똥 누러 갈 적 마음 다르고 올 적 마음 다르다

똥이 마려우면 마음이 조급해져서 볼일을 빨리 해결하고 싶을 거예요. 하지만 볼일을 다 보고 나면 절실한 마음이 없어지지요. 자기가 급할 땐 다른 사람에게 간절히 부탁하며 매달리다가 문제가 해결되면 도와준 사람을 모른 체한다는 뜻이에요.

언니, 아까 분명히 부탁 들어주면 나한테 캐릭터 연필 준다고 했잖아. 똥 누러 갈 적 마음 다르고 올 적 마음 다르다더니 이제 와서 왜 모른 척해.

26

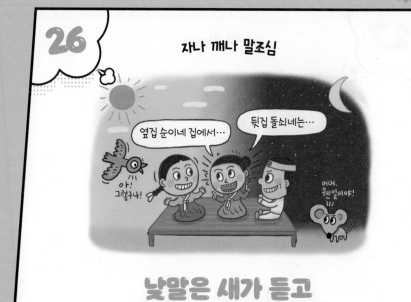

자나 깨나 말조심

낮말은 새가 듣고 밤말은 쥐가 듣는다

주위에 듣는 사람이 아무도 없는 것 같아도 누군가는 내가 한 이야기를 들을 수 있어요. 즉, 아무리 비밀스럽게 한 말이라도 남의 귀에 들어갈 수 있으니 늘 말조심을 해야 한다는 뜻이에요.

낮말은 새가 듣고 밤말은 쥐가 듣는다고 하잖아. 내가 복도에서 친구와 나눈 이야기를 누가 들었을까 봐 괜히 걱정돼.

25

그저 우연일 뿐이야

까마귀 날자 배 떨어진다

까마귀가 나는 것과 나무에서 배가 떨어지는 것은 아무런 관계가 없지만, 두 가지 일이 동시에 일어난다면 까마귀가 배를 쪼았기 때문이라는 의심이 들 거예요. 이처럼 아무 관계 없이 한 일이 우연히 동시에 일어나 어떤 관계가 있는 것처럼 의심을 받는다는 뜻이에요.

까마귀 날자 배 떨어진다고, 너무 졸려서 하품을 했더니 눈물이 났어. 그런데 친구들이 왜 우냐고 물어보더라.

74

그건 잠시뿐이야

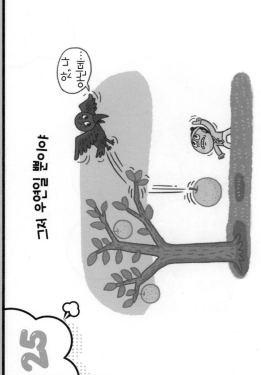

언 발에 오줌 누기

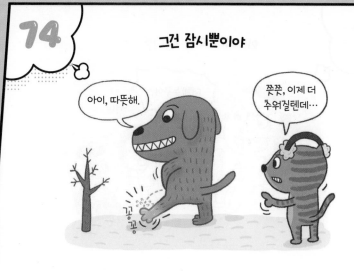

언 발에 오줌을 누면 당장은 발이 녹아 따뜻할 거예요. 하지만 오줌이 이내 얼면 전보다 더 추워지지요. 이처럼 갑자기 터진 일을 급하게 대충 처리하면 그 효과가 오래가지 못하고 오히려 결과가 전보다 더 나빠진다는 뜻이에요.

비가 오는데 우산이 없어서 종이로 우산을 만들어서 썼어. 언 발에 오줌 누기 식으로 했더니 결국 종이도 찢어지고 옷도 다 젖었지 뭐야.

75

왜 네가 화를 내니!?
대체 누구야?
읏! 냄새
뿡!

방귀 뀐 놈이 성낸다

여러 사람 앞에서 방귀를 뀌면 당황스러울 거예요. 그렇지만 자기가 민망하다고 해서 오히려 남에게 화를 내면 안 되겠죠? 이처럼 잘못을 저지른 사람이 오히려 남에게 화를 내거나 억지를 부린다는 뜻이에요.

방귀 뀐 놈이 성낸다고 네가 반칙해서 탈락한 건데 우리한테 화를 내면 어떡하니?

24

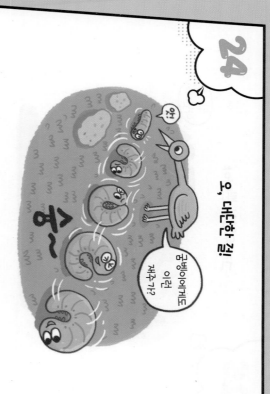

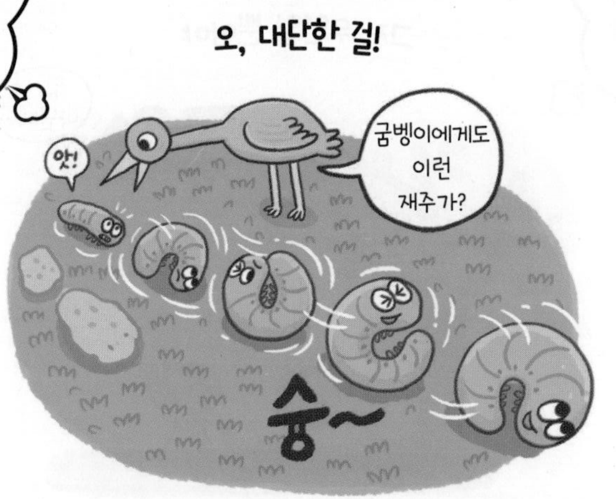

오, 대단한 걸!
앗!
굼벵이에게도 이런 재주가?
슝~

굼벵이도 구르는 재주가 있다

굼벵이는 몸길이가 짧고 통통해서 동작이 느려요. 그래서 행동이 느린 사람한테 굼벵이 같다고 하기도 하지요. 그런데 이러한 굼벵이도 데굴데굴 구르기는 잘한다고 해요. 이렇듯 아무리 능력이 없는 사람이라도 한 가지 재주는 있다는 뜻이에요.

굼벵이도 구르는 재주가 있다고, 내 친구 지아는 공부에는 별로 흥미가 없지만 만화를 엄청 잘 그려.

23

아무것도 모르면서 까불기는…

하룻강아지 범 무서운 줄 모른다

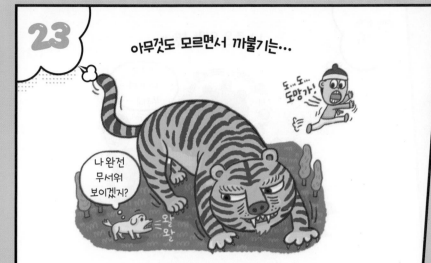

태어난 지 얼마 안 된 하룻강아지는 호랑이가 얼마나 무서운지 알지 못해요. 그래서 호랑이를 만나도 겁을 먹지 않고 마음대로 행동할 수도 있을 거예요. 상대가 되지 못하면서 강한 상대에게 철없이 함부로 덤비는 경우를 비유하여 이르는 말이에요.

하룻강아지 범 무서운 줄 모른다고, 오늘 처음으로 태권도 수업을 들은 윤서가 사범님한테 겨루기를 하자고 했대.

76

우습게 넘기면 안 돼

방귀가 잦으면 똥 싸기 쉽다

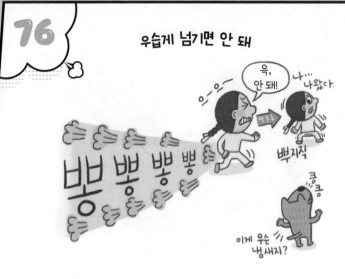

방귀가 자주 나온다는 것은 장운동이 활발하다는 의미로 곧 똥이 나올 수 있다는 신호예요. 즉, 어떤 일이 일어날 조짐이 자주 나타나면 그와 관련된 일이 반드시 일어난다는 뜻이에요.

며칠 전부터 교실에 있는 에어컨을 켜면 이상한 소리가 나더라고. 방귀가 잦으면 똥 싸기 쉽다더니 어제부터 작동이 안 돼.

77

이제 겨우 한 번인 걸

*한술 밥에 배부르랴

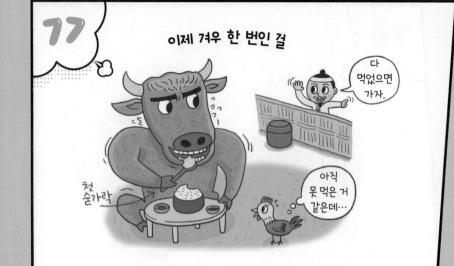

밥을 한 숟가락만 먹고는 배가 부를 수 없겠죠? 이처럼 어떤 일이든지 단 한 번에 만족할 수는 없다는 말로, 무엇이든지 꾸준히 노력해야 큰 효과를 낼 수 있다는 뜻이에요.

● 한술: 숟가락으로 한 번 뜬 음식이라는 뜻으로, 적은 음식을 이르는 말.

어제 강낭콩을 심고 물도 잘 주었는데 아직도 싹이 트지 않았어. 하지만 한술 밥에 배부를 순 없으니 매일매일 물을 주면서 잘 길러 보려고.

22

남 좋은 일만 했네

재주는 곰이 넘고 돈은 주인이 받는다

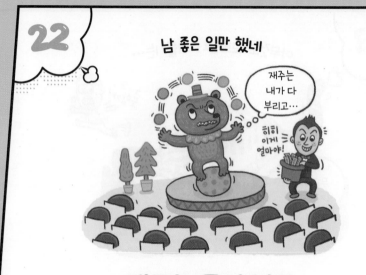

예전에는 동물들이 재주를 부리는 공연이 많이 있었어요. 그러나 실제로 이익을 챙기는 것은 공연을 한 동물들이 아니라, 주인인 사람들이었지요. 이처럼 수고하여 일한 사람은 따로 있고, 그 일에 대한 보상은 다른 사람이 받는다는 말이에요.

재주는 곰이 넘고 돈은 주인이 받는다더니, 내가 열심히 한 숙제를 베끼기만 한 친구가 선생님께 칭찬을 받았어. 왠지 억울해.

21 제자리걸음만 하고 있어

다람쥐 °쳇바퀴 돌듯

쳇바퀴 안에서는 아무리 돌고 돌아도 같은 자리일 뿐, 앞으로 나아가지 못해요. 이처럼 어떤 변화나 발전이 없이 똑같은 일이나 생활을 계속하는 모습을 비유하여 이르는 말이에요.

● 쳇바퀴: 체의 몸이 되는 부분.

중학생인 우리 형은 중국어를 배운 지 2년이 지났는데 다람쥐 쳇바퀴 돌듯 여전히 기초반이야. 아직도 자기소개 한마디를 못 해.

78 거의 다 됐었는데…

다 된 죽에 코 풀기

정성을 들여 죽을 거의 다 끓였는데, 누군가 여기에 코를 풀어 음식을 망쳐 놓으면 먹을 수 없게 돼요. 이처럼 거의 다 이루어진 일을 마지막에 망쳐 버리는 주책없는 행동을 비유하여 이르는 말이에요.

쿠키를 만들려고 열심히 반죽을 했는데, 다 된 죽에 코 풀기라고 마지막에 굽는 시간을 잘못 맞춰서 쿠키가 모두 타 버렸어.

79

가질 수 없는 너

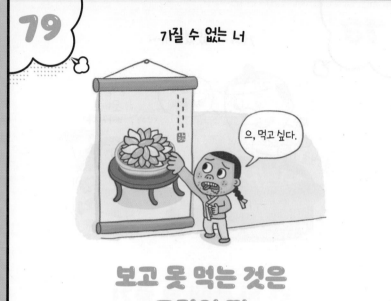

보고 못 먹는 것은 그림의 떡

아무리 먹음직스러워 보이는 떡이라도 그림 속에 있는 것이라면 먹고 싶어도 먹을 수 없어요. 이처럼 아무리 마음에 들어도 이용할 수 없거나 차지할 수 없는 경우를 비유하여 이르는 말이에요.

보고 못 먹는 것은 그림의 떡이라더니, 우리 부모님은 아직 나에게 스마트폰을 사 줄 생각이 없으셔.

20

계속 그러면 참지 않아

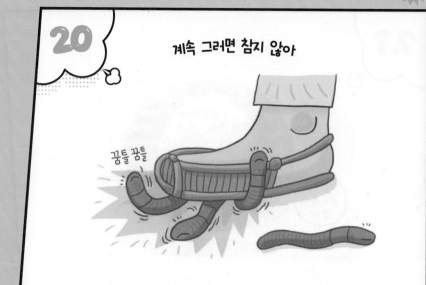

지렁이도 밟으면 꿈틀한다

지렁이는 눈과 귀가 없어요. 그래서 보지도 듣지도 못하지요. 이렇게 하찮아 보이는 지렁이도 다른 동물들과 마찬가지로 밟히면 꿈틀거려요. 이처럼 아무리 순하고 좋은 사람이라도 너무 업신여기면 가만있지 않는다는 말이에요.

형, 요즘 나를 너무 심하게 약 올리는 같아. 지렁이도 밟으면 꿈틀하는 법이라고! 자꾸 이러면 나도 참지 않을 거야.

19

쉿! 조용히 해

호랑이도 제 말 하면 온다

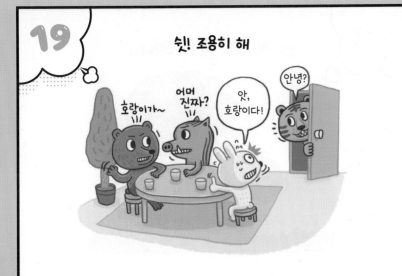

깊은 산속에 있던 호랑이도 자기 이야기를 하면 찾아온다는 뜻으로, 다른 사람에 관한 이야기를 하는데 마침 그 사람이 나타나는 경우를 이르는 말이에요.

호랑이도 제 말 하면 온다더니, 교실에서 선생님 얘기를 하고 있었는데 마침 그때 선생님이 문을 열고 들어오셨어.

80

그래도 할 건 해야지

구더기 무서워 장 못 담글까

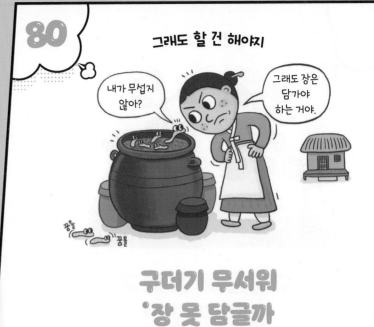

옛날에는 직접 장을 담가 먹었는데, 이 장에서는 구더기가 나오기도 했어요. 하지만 구더기가 무섭더라도 장은 꼭 담가야 했지요. 이처럼 다소 방해되는 것이 있다 하더라도 마땅히 할 일은 해야만 한다는 뜻이에요.

● 장: 간장, 고추장, 된장 따위를 통틀어 이르는 말.

넘어지는 것이 두렵기는 하지만 나는 자전거 배우는 것을 절대로 포기하지 않을 거야. 구더기 무서워 장 못 담글까!

81

당연한 결과야

콩 심은 데 콩 나고 팥 심은 데 팥 난다

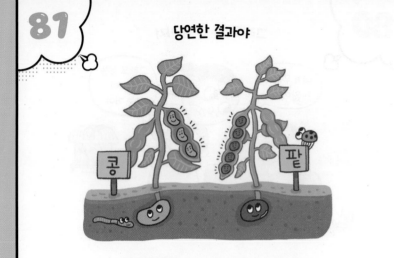

흙에다가 어떤 씨앗을 심었느냐에 따라 자라나는 작물은 정해져 있어요. 콩을 심은 곳에서는 콩이 나고, 팥을 심은 곳에 팥이 나는 것은 너무나 당연한 결과예요. 즉, 모든 일은 근본에 따라 거기에 걸맞은 결과가 나타난다는 뜻이에요.

콩 심은 데 콩 나고 팥 심은 데 팥 난다고, 공부를 하나도 하지 않았으니 시험 점수가 낮을 수밖에 없지.

18

그러게, 방심하면 안 된다니까

원숭이도 나무에서 떨어진다

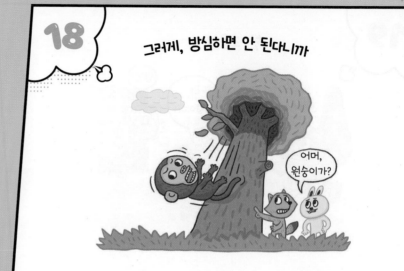

나무 타기의 달인인 원숭이도 나무에서 떨어질 때가 있어요. 이처럼 아무리 어떤 일에 익숙하고 잘하는 사람이라도 가끔 실수할 때가 있다는 뜻이에요. 그러니 자신 있는 일이더라도 너무 얕잡아 보면 안 돼요.

원숭이도 나무에서 떨어진다고 하잖아. 네가 아무리 수영을 잘하지만 물에서는 항상 조심해야 해.

17

둘 다 가질 수는 없어

가는 토끼 잡으려다 잡은 토끼 놓친다

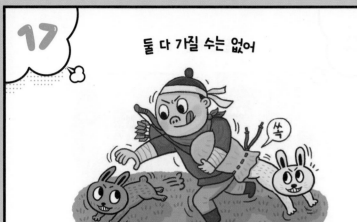

이미 잡은 토끼가 있는데 또 다른 토끼를 잡으려고 욕심을 부리면 어떻게 될까요? 한눈을 팔다가 결국 먼저 잡은 토끼도 놓칠 수 있을 거예요. 이처럼 지나치게 욕심을 부리다가 이미 차지한 것까지 잃어 버리게 됨을 비유하여 이르는 말이에요.

가는 토끼 잡으려다 잡은 토끼 놓친다고 이것저것 배우려고 욕심 부리지 말고 하나만이라도 집중해서 배워 봐.

82

겸손의 아름다움

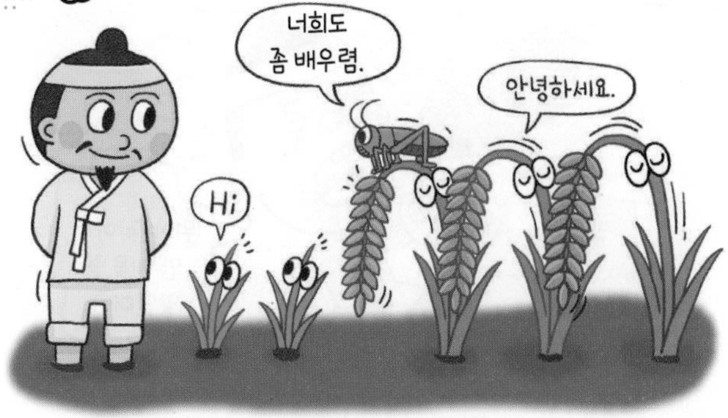

벼 °이삭은 익을수록 고개를 숙인다

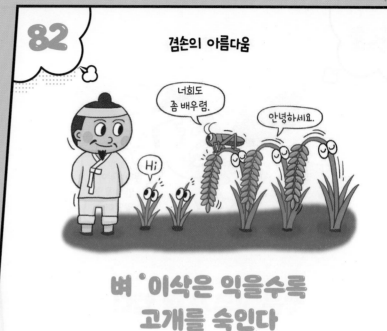

벼는 처음에는 꼿꼿하다가 이삭이 익어 갈수록 고개를 푹 숙여요. 벼가 익어 갈수록 고개를 숙이듯이, 생각이 깊고 덕이 높은 사람일수록 겸손하고 남 앞에서 자기를 내세우려 하지 않는다는 것을 이르는 말이에요.

● 이삭: 곡식의 꽃이 피고 열매가 달리는 부분.

벼 이삭은 익을수록 고개를 숙인다더니 선하는 우리 반 회장이 된 이후에 친구들을 더 잘 도와주고 양보도 더 많이 하더라.

83

작다고 얕보지 마

작은 고추가 더 맵다

고추는 보통 매운맛이 나는데, 그중에서도 청양 고추는 작지만 맵기로 유명해요. 이처럼 몸집이 작은 사람이 큰 사람보다 재주가 뛰어나고 야무짐을 비유하여 이르는 말이에요.

작은 고추가 더 맵다고, 승우는 키는 작지만 몸이 재빨라서 달리기 시합에 나가기만 하면 늘 1등이야.

16

더 단단해질 거야!

비 온 뒤에 땅이 굳어진다

비에 젖어 질척거리던 흙도 다시 날이 개면 마르면서 단단하게 굳어요. 이렇듯 사람도 어떤 시련을 겪은 뒤에 더 강해짐을 비유하여 이르는 말이에요.

비 온 뒤에 땅이 굳어진다고, 영현이는 손가락 부상을 극복하고 더욱 더 멋진 피아노 연주 실력을 보여 주었어.

15

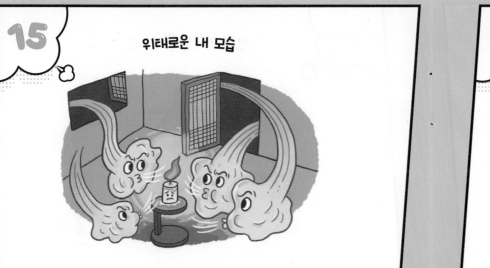

위태로운 내 모습

바람 앞의 •등불

등불을 켜 놓았는데 그 앞에 바람이 분다면 등불이 흔들리며 꺼질 듯 말 듯 위태롭게 보일 거예요. 이렇게 언제 꺼질지 모르는 바람 앞의 등불처럼, 매우 위태로운 처지에 놓여 있음을 비유하여 이르는 말이에요.

● 등불: 어두운 데를 밝히려고 등에 켠 불.

오늘 음악 시간에 리코더 수행 평가가 있었어. 유빈이 다음으로 자기 순서를 기다리는 주영이의 긴장한 모습이 마치 바람 앞의 등불 같았어.

84

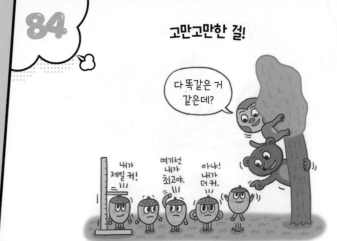

고만고만한 걸!

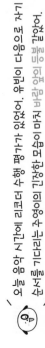

도토리 키 재기

도토리는 작은 열매로, 모두 엇비슷한 크기여서 키를 재어 비교해 봐야 별 차이가 없어요. 즉 정도가 고만고만한 사람끼리 서로 다투거나, 크기 등이 비슷비슷하여 견주어 볼 필요가 없을 때 쓰는 말이에요.

선우와 민서는 서로 자신의 키가 더 크다고 우기더라. 어차피 키 번호 1번, 2번이면서 정말 도토리 키 재기라니까.

85

겉만 번드르르하네

빛 좋은 개살구

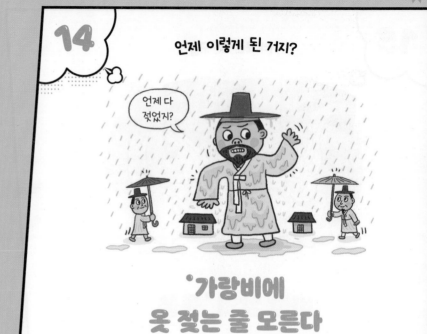

개살구는 노랗게 익으면 먹음직스러운 빛깔을 띠지만, 겉보기와 달리 맛이 시큼하고 떫어서 먹을 수가 없어요. 이렇게 겉모습만 그럴듯하고 실속이 없는 경우를 비유하여 이르는 말이에요.

● 개살구: 보통 살구보다 맛이 시고 떫은 살구.

책장에 책이 이렇게 많은데, 실제로 읽은 것은 열 권이 안 된다고? 정말 빛 좋은 개살구구나.

14

언제 이렇게 된 거지?

가랑비에 옷 젖는 줄 모른다

소리 없이 가늘게 내리는 비를 맞아 본 적 있나요? 가는 비라서 젖지 않을 것 같지만, 이렇게 내리는 비도 계속 맞다 보면 옷이 젖어요. 즉, 아무리 사소한 것이라도 계속 반복되면 나중에는 매우 커진다는 뜻이에요.

● 가랑비: 가늘게 내리는 비.

가랑비에 옷 젖는 줄 모른다더니 '5분만 더, 5분만 더…' 하며 게임을 하다가 시계를 보니까 글쎄 1시간이 지나 있었어.

13

갑자기 이게 무슨 일이야

마른하늘에 날벼락

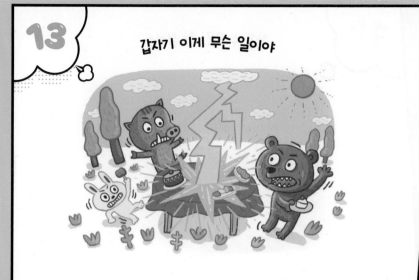

맑게 갠 날 하늘에서 느닷없이 벼락이 칠 확률은 매우 적지만, 실제로 마주하면 당황스럽겠죠? 이처럼 뜻하지 아니한 상황에서 나쁜 일이 생겼을 때 쓰는 말이에요.

오늘 등굣길에 마른하늘에 날벼락과 같은 소식을 들었어. 단짝 소영이가 다음 주에 전학을 간대.

86

중요한 건 그게 아냐

수박 겉 핥기

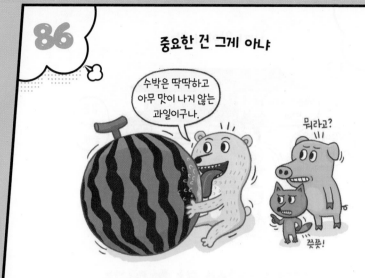

맛있는 수박을 먹는다고 하면서 쪼개지 않고 딱딱한 겉만 핥고 있다는 뜻으로, 사물의 내용이나 참뜻은 모르고 겉만 대강 알아보는 것을 비유하여 이르는 말이에요.

설명서를 수박 겉 핥기로 읽었나 봐. 새로 산 장난감을 조립해야 하는데 못하겠어.

87

내가 알아서 할게

남의 잔치에 감 놓아라 배 놓아라 한다

우리 집 잔치가 아닌 다른 집 잔치에 가서 이래라저래라 간섭하는 사람들이 꼭 있어요. 잔치 준비를 하는 것은 집주인 마음인데 말이죠. 이처럼 남의 일에 괜히 간섭하고 나서서 참견하는 것을 이르는 말이에요.

남의 잔치에 감 놓아라 배 놓아라 하는 거 아니랬어. 자꾸 내 일에 간섭하지 말아 줘.

12

잡을 수 있긴 한 걸까?

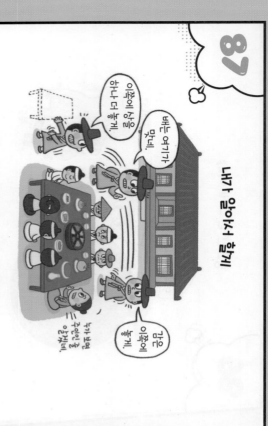

하늘의 별 따기

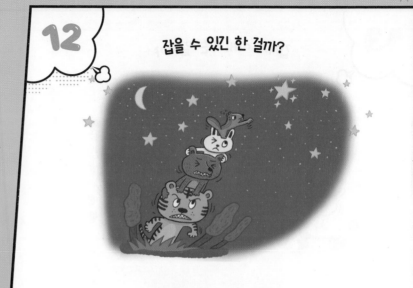

하늘에서 반짝반짝 빛나는 별을 보면 한 번쯤은 잡고 싶어지지 않나요? 그러나 하늘에 있는 별을 따는 것은 불가능한 일이지요. 이처럼 무엇을 얻거나 이루기가 매우 어려운 경우를 나타내는 말이에요.

한때 코로나19가 갑자기 유행하면서 마스크를 구하기가 하늘의 별 따기였어.

11

포기하지 마, 방법이 있을 거야

하늘이 무너져도 솟아날 구멍이 있다

하늘이 무너지면 세상이 전부 깜깜해질 거예요. 너무나 막막한 마음이 들겠지요. 그런데 이때 빠져나갈 구멍이 보이면 얼마나 반가울까요? 이처럼 아무리 어려운 상황에 처하더라도 해결할 방법이 생긴다는 말이에요.

하늘이 무너져도 솟아날 구멍이 있다고, 길을 걸어가는 중에 배가 너무 아팠는데, 마침 근처 공원에 화장실이 보여서 달려갔어.

88

어차피 못 먹을 거니까

아무도 못 먹게 해야겠군.
콕콕
거참 고약하네!

못 먹는 감 찔러나 본다

내가 먹을 수 없는 감이라면 콕콕 찔러 다른 사람도 먹지 못하게 만든다는 것으로, 자기의 것으로 만들지 못할 바에야 남도 갖지 못하도록 일부러 못쓰게 만드는 고약한 마음을 이르는 말이에요.

언니가 내 새 옷을 자꾸 입어 보더니 결국 소매가 뜯어졌어. 못 먹는 감 찔러나 본다고 일부러 그런 것 같아.

89 도대체 어디에 있지?

°등잔 밑이 어둡다

등잔에 불을 켜면 주위는 밝아지지만, 등잔의 밑은 그림자가 져서 어두워요. 이처럼 가까이 있는 것을 두고도 알아보지 못하거나, 가까이 있는 사람이 도리어 대상에 대하여 잘 알기 어렵다는 뜻이에요.

● 등잔: 옛날에 기름을 담아 불을 켜던 도구.

등잔 밑이 어둡다더니, 필통 속에 있는 지우개를 엉뚱한 곳에서 한참이나 찾았어.

10 좋은 날이 올 거야

쥐구멍에도 °볕 들 날 있다

쥐구멍은 쥐가 드나들 수 있는 조그마한 구멍이에요. 아주 좁고 캄캄한 이곳에도 햇빛이 비치는 날이 분명 있겠지요. 이처럼 아무리 큰 고생을 하더라도 언젠가는 좋은 때가 온다는 뜻으로, 희망을 가지라는 말이에요.

● 볕: 해가 내리쬐는 기운.

쥐구멍에도 볕 들 날 있다더니, 우리 이모가 드디어 십 년 동안 준비하던 시험에 합격했어.

09

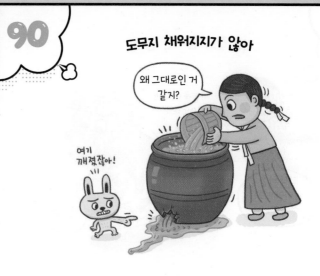

올라갈 때가 있으면 내려갈 때도 있지

달도 차면 기운다

밤하늘의 달을 관찰해 본 적이 있나요? 눈썹 모양의 달이 둥근 보름달이 되고, 이것이 줄어드는 것을 반복하지요. 달이 커졌다가 다시 줄어드는 것처럼, 세상의 여러 일 역시 한번 번성하면 쇠퇴하거나 망할 때도 있다는 뜻이에요.

예전에는 학교 앞 떡볶이 가게에 손님이 엄청 많았었는데, 달도 차면 기운다고 언제부터인지 한산해.

90

도무지 채워지지가 않아

왜 그대로인 거 같지?
여기 깨졌잖아!

밑 빠진 독에 물 붓기

밑바닥이 깨진 독에 물을 부으면 어떻게 될까요? 아무리 물을 부어도 물이 계속 새어 나가 절대 독을 채울 수 없을 거예요. 이처럼 아무리 힘을 들여 노력해도 보람 없이 헛된 일이 되는 상태를 이르는 말이에요.

캐릭터 카드를 또 사달라고? 지난번 어린이날에도, 생일날에도 사 주었잖니. 정말 밑 빠진 독에 물 붓기 같구나.

91

작은 것도 탐내면 안 돼

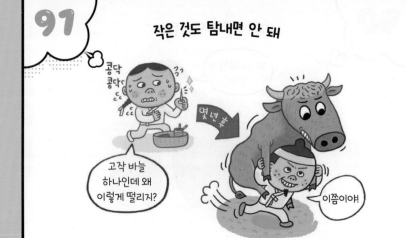

바늘 도둑이 소도둑 된다

처음에는 작은 바늘을 훔치던 사람이 이런 행동을 계속 반복하다 보면 결국에는 큰 소까지 훔치게 된다는 말로, 작은 나쁜 짓도 자꾸 하게 되면 나중에는 큰 죄를 저지르게 된다는 뜻이에요.

친구의 연필이 아무리 예쁘다고 해도 마음대로 그냥 가져오면 안 돼. 바늘 도둑이 소도둑 된다고 했어.

08

뒤처지지 않으려면…

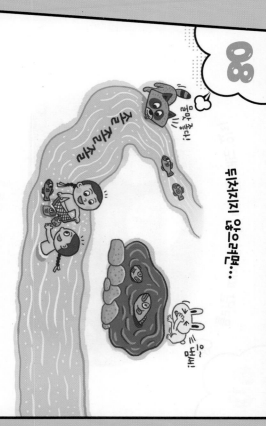

흐르는 물은 썩지 않는다

물이 흐르지 않고 한곳에 오랫동안 고여 있으면 어떻게 될까요? 아마도 썩어 버리고 말 거예요. 이처럼 사람도 현재의 상황이나 처지에 만족하기보다는 부지런히 일하고 공부하며 스스로를 단련하여야 시대에 뒤처지지 않는다는 것을 비유하여 이르는 말이에요.

흐르는 물은 썩지 않는다고 하잖아. 지금 네가 코딩을 잘한다고 해도 계속 꾸준히 연습해야 까먹지 않고 더 잘할 수 있을 거야.

07

일단 잡고 보자

물에 빠지면 지푸라기라도 잡는다

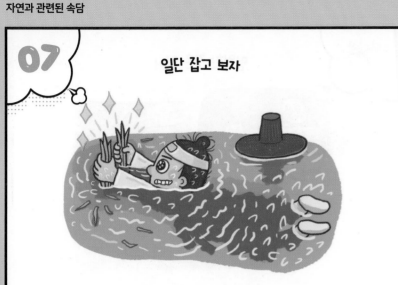

물에 빠지면 살아야겠다는 생각에 쉽게 부서지는 지푸라기일지언정 손에 잡히는 대로 아무거나 잡고 싶은 마음이 생길 거예요. 이처럼 위급한 상황에 처하면 무엇이나 닥치는 대로 잡고 늘어지게 됨을 이르는 말이에요.

물에 빠지면 지푸라기라도 잡는다고, 휴지가 없어서 급한 대로 콧물을 옷소매에 닦았어.

92

걱정 마, 진정해

자라 보고 놀란 가슴 솥뚜껑 보고 놀란다

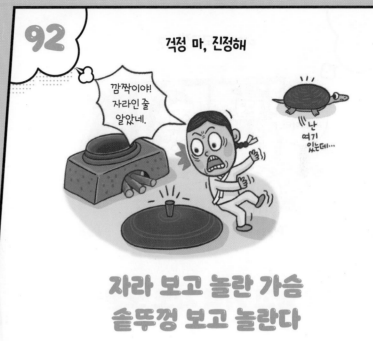

거북이와 비슷하게 생긴 자라는 한번 물면 놓지 않는다고 해요. 그래서 자라에게 물린 경험이 있는 사람은 자라의 등딱지와 비슷하게 생긴 솥뚜껑만 보고도 놀랄 수 있죠. 즉, 무언가에 몹시 놀란 사람은 비슷한 것만 보아도 겁을 낸다는 뜻이에요.

자라 보고 놀란 가슴 솥뚜껑 보고 놀란다고, 아빠의 방귀 소리가 천둥 번개 치는 소리인 줄 알고 너무 놀랐어.

93

이래도 모르겠어?

낫 놓고 기역 자도 모른다

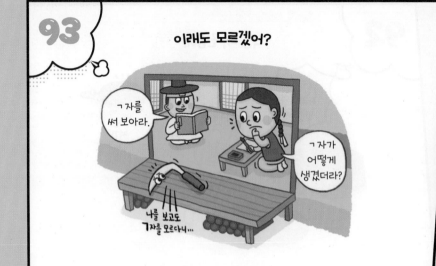

낫은 기역 자 모양으로 생겼어요. 그런데 기역 자 모양의 낫을 보면서도 기역 자를 모른다는 것은 그만큼 아는 것이 없다는 것이지요. 즉, 아주 무식하다는 것을 빗대어 한 말이에요.

● 낫: 벼나 풀을 벨 때 사용하는 농기구.

이렇게 많이 알려 줬는데도 답을 전혀 모르겠다고? 낫 놓고 기역 자도 모른다더니 딱 그 모양이네.

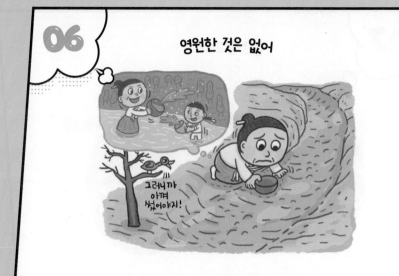

06

영원한 것은 없어

강물도 쓰면 준다

흐르는 강물은 끝없이 많아 보여 계속 퍼서 써도 줄지 않을 것 같아요. 그러나 아무리 많이 있다고 해도, 계속 사용하기만 하면 언젠가는 줄어들게 될 거예요. 즉, 많이 있다고 하여 함부로 헤프게 쓰지 말고 아껴 쓰라는 뜻이에요.

세뱃돈을 많이 받았다고 해서 사고 싶은 것을 다 사면 안 돼. 강물도 쓰면 준다고 했어.

05

다 보고 배우는 법

윗물이 맑아야 아랫물이 맑다

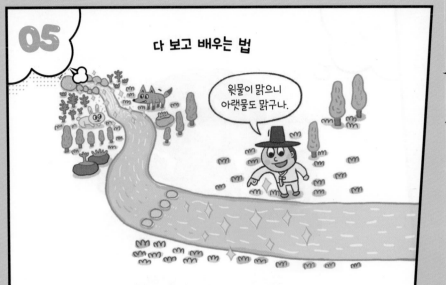

물은 위에서 아래로 흘러요. 따라서 위에서 맑은 물이 흘러야 아래에도 맑은 물이 흐르게 되지요. 이처럼 윗사람이 행동을 잘하면 아랫사람도 윗사람의 행동을 본받아 잘하게 된다는 말이에요.

윗물이 맑아야 아랫물이 맑다고, 언니인 네가 고운 말을 쓰면 동생도 따라서 고운 말을 쓸 거야.

94

어떻게 그럴 수가 있어?

믿는 도끼에 발등 찍힌다

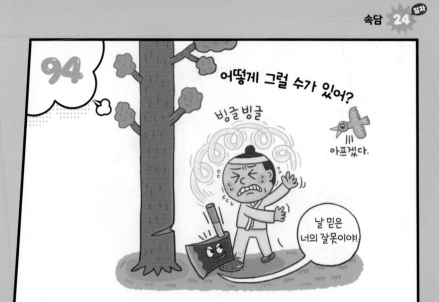

도끼에 발등을 찍힌다고 상상해 보세요. 엄청나게 아프겠죠? 마찬가지로 사람 사이에서도 믿고 있던 사람에게 배신을 당하면 충격이 더 클 거예요. 잘되리라고 굳게 믿고 있던 일이 어긋나거나, 믿고 있던 사람이 배신하여 오히려 피해를 입는다는 뜻이에요.

도현이는 내 생일잔치에 꼭 올 줄 알았는데, 믿는 도끼에 발등 찍힌다고 다른 친구들이랑 놀이동산에 갔더라.

95

뭐야, 별거 없네

빈 수레가 요란하다

수레에 짐이 많으면 무거워서 움직일 때 소리가 크게 나지 않지만, 비어 있는 수레는 움직일 때마다 심하게 덜컹거리고 소리가 크게 나지요. 사람도 실력이나 가진 것이 없는 사람이 겉으로 더 아는 체하고 떠들어 댄다는 뜻이에요.

서윤이는 장기 자랑 연습을 하면서 여기저기 다 참견하더니, 빈 수레가 요란하다고 정작 자기 순서는 기억도 못하더라.

04

남다르네, 남달라

될성부른 나무는 •떡잎부터 알아본다

떡잎이 건강하고 좋은 나무는 크게 잘 자라지만, 떡잎이 좋지 않으면 나무가 잘 자라지 못해요. 크게 될 나무가 떡잎부터 다르듯이, 잘될 사람은 어려서부터 남달리 크게 성공할 가능성이 엿보인다는 뜻이에요.

● 떡잎: 씨앗에서 싹이 트면서 처음 나오는 잎.

될성부른 나무는 떡잎부터 알아본다더니, 세계적인 축구 스타 손흥민 선수는 어린 시절부터 축구 신동이었대.

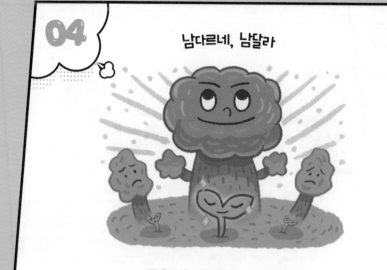

03

우리 맞게 가고 있는 걸까?

•사공이 많으면 배가 산으로 간다

한 척의 배에 사공이 여러 명이면 서로 가고자 하는 방향이 달라서 배가 올바른 방향으로 갈 수 없을 거예요. 이처럼 여러 사람이 함께 일을 할 때, 각자 제 주장만 내세우면 일이 제대로 되기 어렵다는 말이에요.

● 사공: 배를 젓는 일을 직업으로 하는 사람.

사공이 많으면 배가 산으로 간다고, 모둠별로 연극 작품을 고르는데 모둠원들이 각자 자기의 의견만 주장해서 결국 작품을 못 정했어.

96

미리미리 할 걸 그랬어

호미로 막을 것을 •가래로 막는다

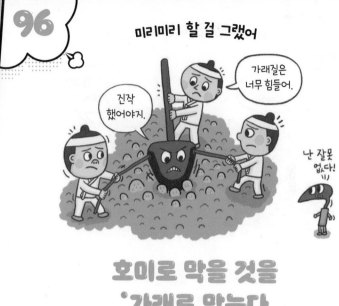

작은 호미만으로도 할 수 있던 일을 미루다가 많은 힘을 들여야 하는 가래로 하게 된 경우를 말해요. 즉, 일이 커지기 전에 쉽게 해결할 수 있었던 것을 내버려 두었다가 더 큰 힘을 들이게 된 경우를 이르는 말이에요.

● 가래: 흙을 파헤치거나 떠서 던지는 큰 농기구.

호미로 막을 것을 가래로 막는다고 하루에 한 장만 풀면 되는 학습지를 계속 미루었더니 열 장을 한꺼번에 풀어야 해.

97

가지고 있기만 하면 뭐하나

나는 구슬 부자야!
구슬만 많으면 뭐하니?

구슬이 서 말이라도 꿰어야 보배

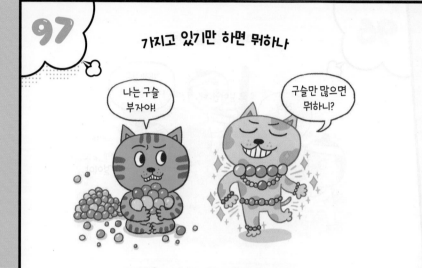

귀하고 예쁜 구슬이 아무리 많더라도 실에 꿰어 목걸이로 만들지 않고 그냥 흩어져 굴러다니게 놓아둔다면 아무런 쓸모가 없을 거예요. 이처럼 아무리 훌륭하고 좋은 것이라도 다듬고 정리하여 쓸모 있게 만들어 놓아야 값어치가 있다는 말이에요.

책을 아무리 많이 가지고 있더라도 읽지 않으면 그 가치를 알 수가 없어. 구슬이 서 말이라도 꿰어야 보배라고 하잖아.

02

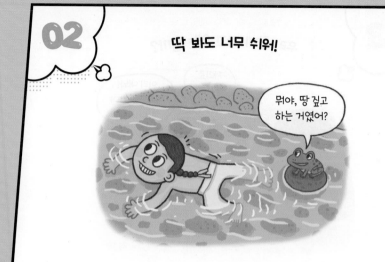

딱 봐도 너무 쉬워!

땅 짚고 헤엄치기

중심을 잡기 힘든 물속에서 손으로 땅을 짚으면 헤엄치기가 훨씬 쉬울 거예요. 이렇듯 아주 하기 쉬운 일을 비유하여 이르는 말이에요.

줄넘기 2단 뛰기를 완벽히 해내는 누리에게 이제 양발 모아 뛰기를 하는 것은 땅 짚고 헤엄치기라고 할 수 있지.

01

하면 할수록 왜 더 힘들지?

산 넘어 산이다

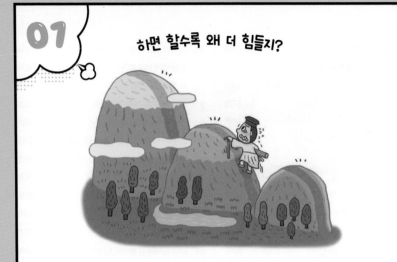

힘들게 산을 넘었는데 눈앞에 다시 높은 산이 나타난다면 정말 막막할 거예요. 이처럼 갈수록 더욱 어려운 형편에 처하게 되는 경우를 비유하여 이르는 말이에요.

등굣길에 갑자기 비가 쏟아져서 옷이 다 젖었어. 그런데 또 돌부리에 걸려 넘어져서 무릎도 까졌지 뭐야. 학교 가는 길이 산 넘어 산이었어.

98

정하기 나름이야

그거
코에 거는
코걸이인데?
내가
귀에 걸면
귀걸이야.

귀에 걸면 귀걸이 코에 걸면 코걸이

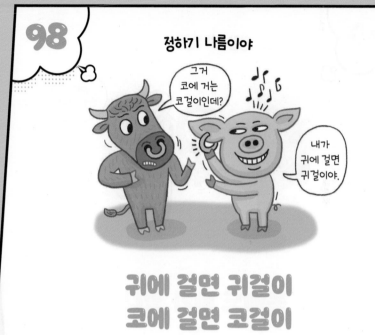

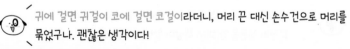

귀에 거는 귀걸이를 코에 걸면 코걸이가 된다는 말로, 어떤 원칙이 정해져 있는 것이 아니라 둘러대기에 따라 이렇게도 되고 저렇게도 될 수 있다는 뜻이에요.

귀에 걸면 귀걸이 코에 걸면 코걸이라더니, 머리 끈 대신 손수건으로 머리를 묶었구나. 괜찮은 생각이다!

99

정말 완벽할까?

옥에도 티가 있다

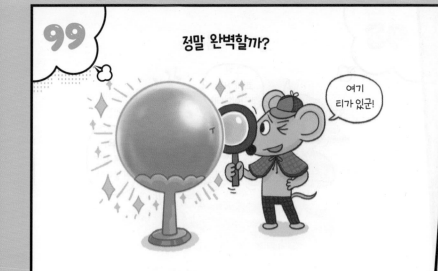

빛이 곱고 모양이 아름다운 옥에도 조그마한 흠이 있을 수 있어요. 이처럼 아무리 훌륭한 사람 또는 좋은 물건이라 하여도 자세히 따지고 보면 사소한 흠은 있다는 말이에요.

● 옥: 연한 녹색이나 회색을 띠는, 빛이 곱고 아름다운 귀한 돌.

우리 반 회장 라미는 공부도 잘하고 마음씨도 착해. 그런데 옥에도 티가 있다고 정리 정돈을 안 해서 책상이 항상 지저분해.

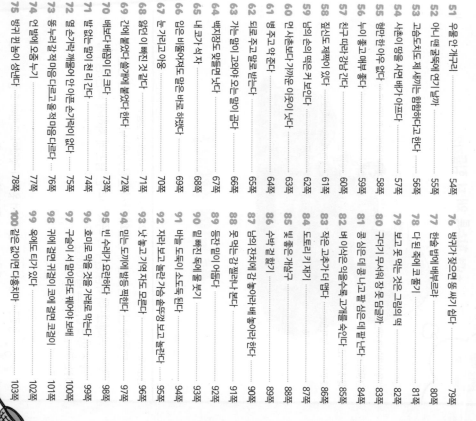

차례

100

이왕이면 이게 낫지

다홍이네
치마전문
둘 다 가격은 같아요.
이왕이면 더 예쁜 다홍치마로 할게요.

같은 값이면 다홍치마

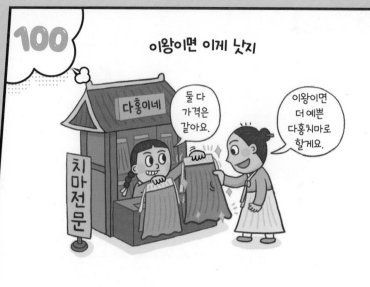

다홍치마는 산뜻한 붉은색 치마를 말해요. 같은 가격의 치마가 있다면 이왕이면 빛깔이 고운 다홍치마를 고른다는 말로 값이 같거나 같은 노력을 한다면 품질이 좋은 것을 택한다는 뜻이에요.

같은 값이면 다홍치마라고, 두 가지 가방 중에 이왕이면 디자인이 더 예쁘고 주머니도 많은 것을 사야겠어.

MEMO

★★★ 미니북, 이럴 때 활용해요! ★★★

- 속담의 정확한 뜻을 알고 싶을 때
- 퍼즐북을 풀다가 모르는 것이 생겼을 때
- 속담을 생활에서 활용하고 싶을 때

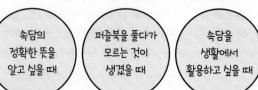

퍼즐런 미니북으로 재미있게 런
속담

이제 너도 속담 왕이야!

www.mirae-n.com

학습하다가 이해되지 않는 부분이나 정오표 등의
궁금한 사항이 있나요?
미래엔 홈페이지에서 해결해 드립니다.

교재 내용 문의

나의 교재 문의 | 수학 과외쌤 | 자주하는 질문 | 기타 문의

교재 자료 및 정답

동영상 강의 | 쌍둥이 문제 | 정답과 해설 | 정오표

		초등학교
학년	반	이름

표즐런 미니북

속담 100

Mirae N 에듀

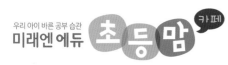

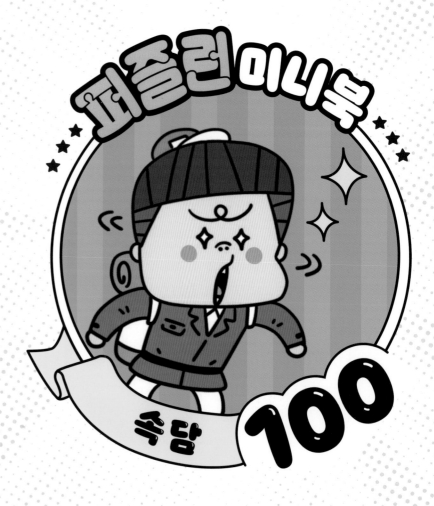

하루 한장

공부력 강화 프로그램

공부력은 초등 시기에 갖춰야 하는 기본 학습 능력입니다.
공부력이 탄탄하면 언제든지 학습에서 두각을 나타낼 수 있습니다.
초등 교과서 발행사 미래엔의 공부력 강화 프로그램은
초등 시기에 다져야 하는 공부력 향상 교재입니다.

하루 한장 예비초등

한글 완성
초등학교 입학 전
한글 읽기·쓰기 동시에 끝내기 [총3책]

예비 초등
자신있는 초등학교 입학 준비!
[국어, 수학, 통합교과, 학교생활 총4책]

하루 한장 독해

독해 시작편
초등학교 입학 전 독해 시작하기
[총2책]

독해
교과서 단계에 맞춰 학기별
읽기 전략 공략하기 [총12책]

비문학 독해 사회편
사회 영역의 배경지식을 키우고,
비문학 읽기 전략 공략하기 [총6책]

비문학 독해 과학편
과학 영역의 배경지식을 키우고,
비문학 읽기 전략 공략하기 [총6책]

하루 한장 쏙셈

쏙셈 시작편
초등학교 입학 전 연산 시작하기
[총2책]

쏙셈
교과서에 따른 수·연산·도형·측정까지
계산력 향상하기 [총12책]

창의력 쏙셈
문장제 문제부터 창의·사고력 문제까지
수학 역량 키우기 [총12책]

쏙셈 분수 • 소수
3~6학년 분수•소수의 개념과 연산 원리를 집중 훈련하기 [분수 2책, 소수 2책]

하루 한장 ENGLISH BITE

알파벳 쓰기
알파벳을 보고 듣고 따라 쓰며 읽기·쓰기
한 번에 끝내기 [총1책]

파닉스
알파벳의 정확한 소릿값을 익히며
영단어 읽기 [총2책]

사이트 워드
192개 사이트 워드 학습으로
리딩 자신감 쑥쑥 키우기 [총2책]

영단어
학년별 필수 영단어를 다양한
활동으로 공략하기 [총4책]

영문법
예문과 다양한 활동으로
영문법 기초 다지기 [총4책]

하루 한장 한자

교과서 한자 어휘도 익히고
급수 한자까지 대비하기
[총12책]

하루 한장 중국어

신 HSK 1, 2급 300개 단어를
기반으로 중국어 단어와 문장
익히기 [총6책]

하루 한장 큰별★쌤 최태성의 한국사

큰별쌤의 명쾌한 강의와 풍부한 시각
자료로 역사의 흐름과 사건을 이미지로 기억하기 [총3책]

APP 다운로드

하루 한장 학습 관리 앱
손쉬운 학습 관리로 올바른
공부 습관을 키워요!

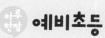

개념과 **연산 원리**를 집중하여
한 번에 잡는 **쏙셈 영역 학습서**

하루 한장 쏙셈
분수·소수 시리즈

하루 한장 쏙셈 분수·소수 시리즈는
학년별로 흩어져 있는 분수·소수의 개념을
연결하여 집중적으로 학습하고,
재미있게 연산 원리를 깨치게 합니다.

하루 한장 쏙셈 분수·소수 시리즈로
초등학교 분수, 소수의 탁월한 감각을 기르고,
중학교 수학에서도 자신있게 실력을 발휘해 보세요.

APP 다운로드

스마트 학습 서비스 맛보기
분수와 소수의 원리를
직접 조작하며 익혀요!

분수 1권
초등학교 3~4학년

- 분수의 뜻
- 단위분수, 진분수, 가분수, 대분수
- 분수의 크기 비교
- 분모가 같은 분수의 덧셈과 뺄셈

⋮

3학년 1학기_분수와 소수
3학년 2학기_분수
4학년 2학기_분수의 덧셈과 뺄셈